Komm, wir bewegen uns!

von Petra Baier

Petra Baier

WAS ELTERN BRAUCHEN

Was Eltern brauchen

Humorvolle und berührende Kurzgeschichten

ISBN: 978-3-74070-440-7

180 Seiten

Preis: 8,99 €

Folgende Dinge sollten Eltern haben: Gelassenheit und Geduld, Regeln und Konsequenz, Zeit, Kreativität und Liebe.
Warum dies so wichtig ist, zeigen diese humorvollen und berührenden Kurzgeschichten aus dem Alltag mit Kindern.

Komm, wir bewegen uns!

Kreative Bewegungsideen mit Kindern für Zuhause,
in der Krippe und dem Kindergarten

von Petra Baier

Bibliografische Information der Deutschen Nationalbibliothek: Die Deutsche Nationalbibliothek verzeichnet diese Publikation in der Deutschen Nationalbibliografie; detaillierte bibliografische Daten sind im Internet über dnb.dnb.de abrufbar.

1. Auflage, 2024
© 2024 Petra Baier Alle Rechte vorbehalten.
Covergestaltung: Sabrina Müller
Verlag: BoD · Books on Demand GmbH, In de Tarpen 42, 22848 Norderstedt
Druck: Libri Plureos GmbH, Friedensallee 273, 22763 Hamburg

ISBN 978-3-75837-105-9

Vorwort

Kinder haben eine Menge Energie – wie soll man diese gut nutzen, vor allem an Regentagen oder wenn man sonst nicht raus kann oder möchte?
Gerade in der Phase des Corona-Lockdowns zeigte sich, dass gute Spiel- und Bewegungsideen Gold wert sind. In dieser Zeit sind die meisten Anregungen aus diesem Buch entstanden und wurden von mir an meine Eltern-Kind-Turngruppe weitergegeben – Sport in der Halle war ja nicht erlaubt.

Auch wenn Sie Erzieherin in einer Krippe oder einer Kindertagesstätte sind, wenn Sie Tagesvater sind oder eine engagierte Oma, die sich um ihre Enkel kümmert, sind diese Ideen für Sie und Ihre Betreuungskinder genau richtig.

Die Bewegungsideen sind einfach zu Hause umzusetzen. Die Fotos in diesem Buch sind deswegen auch nicht im Studio aufgenommen worden, sondern in einem Wohnzimmer. Es funktioniert wirklich!

Viel Spaß beim Ausprobieren und Bewegen
wünscht Ihnen
Petra Baier

Einführung

Bewegung macht Spaß – wer aktiv ist, lebt zudem gesünder und glücklicher. Bewegung ist gut für die Work-Life-Balance. Und gerade bei kleinen Kindern hilft sie Phasen, in denen man nicht hinaus kann, sinnvoll zu nutzen und die Möbel vor Langeweile-Attacken zu schützen.

Bewegung von Anfang an

Ein Baby ist noch nicht geboren, da fängt es schon an, sich zu bewegen. Es zappelt und strampelt, greift nach der Nabelschnur und lernt seinen Körper kennen. Ist der kleine Mensch auf der Welt, geht es rasant weiter. Es folgen die Kopfkontrolle und zielgerichtetes Greifen. Da werden Dinge geworfen und festgehalten und alles wird genauestens untersucht. Das Baby lernt, sich zu rollen, zu robben, zu krabbeln und schließlich zu laufen.
Jetzt ist die Zeit gekommen, wo die Bewegungen immer ausgefeilter werden. Stehen auf einem Bein, hüpfen und rennen, Rutschauto fahren, balancieren – das alles ist bald kein Problem mehr, wenn das Kind üben darf.

Mit Unterstützung klappt es am besten

Wann ein Kind welchen Entwicklungsschritt durchläuft, ist unterschiedlich. Jedes hat seinen eigenen Plan, aber es klappt immer irgendwann. Natürlich gelingt das Lernen am besten, wenn das Kind Unterstützung hat – und zwar die richtige. Es nutzt zum Beispiel nichts, das Kind hinzustellen, wenn es dafür noch nicht bereit ist. Ohne eine trainierte Muskulatur wird es einfach umkippen.

Aber: Wir können Bewegungsanreize geben und vor allem Raum und Zeit, damit das Kind selbstständig üben kann. Dies gilt von Anfang an. Wer immer getragen wird, lernt nicht, zu laufen. Wer nie klettern darf, wird es nicht können.

Daher sollte jeder hilfsbereite Mensch ein paar Grundsätze beachten:
- Hilfestellung nur dort geben, wo sie nötig ist und das Kind wirklich nicht weiterkommt.
- Die beste Hilfe wird dort angesetzt, wo das Kind am schwersten ist, nämlich in der Körpermitte beziehungsweise an der Brust.
- Lernen geht nur Schritt für Schritt, zuerst kommt das Einfache, dann das Schwere.
- Das Kind entscheidet, wann welcher Schritt kommt, nicht der Erwachsene.
- Nur Übung macht den Meister.

Die ersten Versuche sehen wahrscheinlich nicht so gut aus. Aber es wird besser werden, mit jedem Mal. Genauso wie es das Kind immer wieder versucht, müssen wir es immer wieder gewähren lassen.
Vielleicht hat es zu Beginn Angst, aber wenn wir das Kind ermutigen, wird es sich immer mehr zutrauen. So stärken wir sein Körpergefühl und das Kind lernt, was es wirklich kann. Sein Risikobewusstsein wächst mit seinen Fähigkeiten und es kann auch ohne uns als Helfer bald richtig einschätzen, was es schafft und was zu schwer oder zu gefährlich ist.

Damit Bewegung noch mehr Spaß macht und Bewegungsmuster kinderleicht erlernt und verfeinert werden können, gibt es die Anregungen in diesem Buch für Sie.

Aufmerksamkeit, wo bist du?

Sie kennen es sicher: Eben noch hat das Kind etwas gesehen und ist sehr interessiert, im nächsten Moment ist es aber schon wieder woanders. Das liegt daran, dass Kinder zum einen sehr begeisterungsfähig sind. Sie probieren liebend gerne alles aus. Zum anderen aber haben kleine Kinder durchschnittlich nur eine so lange Aufmerksamkeitsspanne wie ihr Lebensalter beträgt. Ein 4-jähriges Kind konzentriert sich also 4 Minuten lang auf eine Sache, dann muss etwas Neues her.
Seien Sie also nicht enttäuscht, wenn Ihr Kind bald ein neues Spiel braucht. Es kann sich noch nicht so lange konzentrieren, aber Spaß hat es in dieser Zeit auf jeden Fall.

Im Team geht alles besser

Am allerschönsten ist es natürlich, wenn das Kind nicht alleine spielen soll, sondern Begleitung hat. Im Team macht alles mehr Spaß. Daher freut sich ein Kind noch mehr an einem Spiel, wenn ein anderes Kind mitmacht oder noch besser: ein Erwachsener. Ihnen tut die Bewegung ebenfalls gut und Sie erleben mit Ihrem Kind richtige Qualitätszeit, die sie gemeinsam genießen können.

Vorsicht: Während Kinder eigentlich immer in Bewegung sind, ist das bei Erwachsenen nicht mehr der Fall. Wollen Sie also die Spiele mitmachen, lohnt es sich, gerade bei Laufspielen oder Sprüngen, die eigene Muskulatur zuvor ein wenig durch sanftes Hüpfen auf der Stelle zu erwärmen und so vorzubereiten.

Belohnung darf sein

Spielen kann sehr anstrengend sein. Wie schön ist es, wenn nach getaner Arbeit eine Belohnung wartet. Das kann ein kleiner Snack sein oder die Erlaubnis, eine Folge der Lieblingsserie schauen zu dürfen. Braucht Ihr Kind dies, bieten Sie es ihm ruhig an, dann wird die Bewegung noch lieber angenommen.

Gymnastik mal anders

Mein Kuscheltier und ich

So geht's:

1. Lassen Sie das Kind ein Kuscheltier (alternativ eine Puppe oder eine Actionfigur) aussuchen und holen Sie für sich selbst ebenfalls eines. Die beiden machen mit Ihnen Gymnastik.
2. Jetzt geht es los. Machen Sie die Übungen so oft, wie Sie und das Kind es wollen.
   - Das Kuscheltier wird so weit es geht hoch nach oben gehoben. Nun gehen Sie zusammen mit dem Kuscheltier in die Hocke und machen sich klein.
   - Stellen Sie sich gerade hin und halten dann das Kuscheltier so weit nach rechts wie es geht, danach nach links. Können Sie das Kuscheltier um Ihren Oberkörper herumführen?
   - Nun darf das Kuscheltier Karussell fahren, indem Sie es halten und Ihren Arm gestreckt kreisen lassen. Dann ist der andere Arm dran.
   - Lassen Sie die Beine gerade und legen Sie das Kuscheltier aus dem Stand auf den Boden, danach heben Sie es wieder auf, sodass Sie wieder aufrecht stehen.
   - Bauen Sie eine Brücke für das Kuscheltier – auf Händen und Füßen stehend oder auf Händen und Knien. Das Kuscheltier darf darunter entlang gehen.
   - Nun darf das Kuscheltier auf die Brücke. Schaffen Sie es, dass es nicht herunterfällt?

- Setzen Sie sich hin, die Beine so weit auseinander wie es geht. Lassen Sie das Kuscheltier Ihren linken Fuß besuchen. Dann wandert es so weit vorne wie möglich zum rechten Fuß hinüber.
- Schließen Sie die Beine im Sitzen und heben Sie das Kuscheltier so weit über Ihren Kopf wie es geht. Dann legen Sie es bei Ihren Füßen ab, ohne die Beine zu beugen, strecken Sie sich so weit nach vorne wie es möglich ist.

Dazu ist es gut:
Gymnastik sorgt für Beweglichkeit und dehnt die Muskulatur sowie das Bindegewebe (die Faszien) und hält es gesund. Da die Kuscheltiere mitmachen, ist es viel lustiger als „normale" Gymnastik.

Step-Aerobic

So geht's:

1. Suchen Sie mit dem Kind zusammen eine schöne Musik mit einem klaren, möglichst durchgehenden Rhythmus aus.
2. Holen Sie zwei niedrige Hocker oder etwas anderes, auf das man leicht steigen kann. Starten Sie die Musik und legen Sie los:
   - Auf den Hocker steigen und wieder herunter in die Startposition.
   - Hoch- und Runtersteigen und dabei die Arme mitnehmen (hochsteigen = Arme hoch über den Kopf nehmen, heruntersteigen = Arme senken).
   - Auf den Hocker steigen und auf der gegenüberliegenden Seite heruntergehen.
   - Auf den Hocker steigen, drehen und zu einer anderen Seite rückwärts heruntersteigen.
   - Von der Seite auf den Hocker steigen und zur anderen Seite wieder herunter.
   - Wie zuvor, dabei aber die Arme mitnehmen, sie beschreiben einen Kreis (ganz oben auf dem Hocker sind sie am höchsten).
   - Mischen Sie die Varianten. Sagen Sie selbst etwas an, dann gibt das Kind das Kommando.

   Halten Sie das ganze Lied durch?

Ich mache Musik

So geht's:

1. Suchen Sie sich ein kleines Instrument aus. Das Kind darf ebenfalls eines wählen. Dies könnte eine Rassel oder Schelle sein, eine Trommel oder ein Glockenspiel. Haben Sie keines da, nehmen Sie einen kleinen Topf mit Kochlöffel oder eine Plastikdose, in die Sie Reis oder etwas Ähnliches einfüllen.

2. Jetzt geht es los. Machen Sie die Übungen so oft wie Sie es wollen. Können Sie bei jeder Übung Ihr Instrument mal laut und mal leise spielen?

   - Sie spielen Ihr Instrument im Stehen. Dann spielen Sie es einmal auf Ihrer rechten und dann auf der linken Seite, ohne die Füße zu bewegen. Wenden Sie nur den Oberkörper.

   - Spielen Sie Ihr Instrument, während Sie so weit wie möglich mit den Füßen auseinanderlaufen, dabei den Po schön tief halten. Hinfallen dürfen Sie nicht, sonst können Sie ja nicht weiterspielen. Können Sie sich am tiefsten Punkt wieder nach rechts und links wenden, ohne mit dem Spielen aufzuhören? Laufen Sie wieder zur Mitte zurück, sodass Sie gerade stehen.

   - Setzen Sie sich, die Füße so weit auseinander wie es geht. Spielen Sie Ihr Instrument hoch über dem Kopf, dann beugen Sie sich zum linken Fuß und spielen dort Ihr Instrument. Dann strecken Sie sich wieder nach oben. Nun ist der rechte Fuß dran.

   - Strecken Sie im Sitzen ein Bein nach vorne, das andere winkeln Sie an. Nun spielen Sie das Instrument vorne bei Ihrem gestreckten Fuß.

Danach nehmen Sie es hinter den Oberschenkel des gebeugten Beins und spielen dort. Dazu müssen Sie den Oberkörper etwas drehen. Danach ist Seitenwechsel, das jeweils andere Bein wird gestreckt beziehungsweise gebeugt.

- Legen Sie sich auf den Bauch und spielen Sie Ihr Instrument mit geraden Armen weit vor dem Kopf. Können Sie dazu die Beine anheben?
- Nun legen Sie sich auf den Rücken. Spielen Sie Ihr Instrument. Dann setzen Sie sich auf und spielen es wieder.
  Können Sie vom Liegen ins Sitzen kommen, ohne mit dem Spielen aufzuhören?

Dazu ist es gut:
Musik macht Spaß und auf diese Weise kann das Musikmachen mit der Förderung der Beweglichkeit, vor allem im Rumpf und Beinbereich, verbunden werden.

Die Jahreszeiten

So geht's:

1. Der Frühling. Im Frühling wachsen Blumen und es wird wärmer.
   - Also erst ganz klein machen und dann langsam nach oben strecken. Zunächst nur ein kleines Stück, das ist das wachsende Gras. Dann wieder klein machen.
   - Nun geht es etwas höher hinauf, bis auf die Knie, und die Arme bilden einen Blütenkelch. Das sind die Blumen.
     Welche Blumen kennt das Kind?
     Dann wieder klein machen.
   - Jetzt wachsen Bäume, also ganz groß machen, so hoch es geht.
     Die Bäume bewegen sich sanft im Wind, sie wippen leicht von links nach rechts und von vorne nach hinten.

2. Der Sommer ist dran. Jetzt sind alle viel draußen und in Bewegung, denn es ist warm und lange hell.
   - Laufen Sie auf der Stelle so schnell es geht.
     Können Sie sich dabei um sich selbst drehen?
   - Hüpfen Sie. Wie hoch klappt es?
     Können Sie sich dabei auch drehen?

- Machen Sie Schwimmbewegungen und „schwimmen" Sie einmal durch den gesamten Raum.
- Setzen sie sich auf den Boden und lassen Sie die Beine in der Luft kreisen. Wie schnell können Sie auf diese Weise Fahrrad fahren?
3. Der Herbst kommt. Viele Früchte sind reif. Es ist regnerisch, es stürmt und die Blätter fallen.
   - Strecken Sie sich mal nach hier und mal nach da, als ob Sie Äpfel pflücken würden, auch nach unten.
   - Die großen Bäume wanken nun stark im Sturm von rechts nach links und von vorne nach hinten. Machen Sie dies mit dem ganzen Körper nach.
   - Die Blätter fallen, also machen Sie sich ganz groß und werden dann so schnell sie können ganz klein. Gleich noch einmal.
   - Nun kommt der Regen. Tippen Sie im Stehen mit einem Fuß nach vorne und hinten, nach rechts und links. Dann ist der andere dran. Das sind die Regentropfen.
   - Trampeln Sie laut, denn ein Gewitter ist da!
4. Im Winter ist alles gefroren und es ist Zeit für Wintersport.
   - Stellen Sie sich gerade hin, stocksteif. Wie lange halten Sie das durch?
   - Hocken Sie sich hin, die Schienbeine liegen auf dem Boden. Nun stemmen Sie die Hände rechts und links neben sich in den Boden und schieben sich vorwärts – Sie fahren Schlitten.
   - Stellen Sie sich auf und gleiten Sie majestätisch durch den Raum wie beim Schlittschuhlaufen.
5. Überlegen Sie, ob Ihnen noch etwas zu den Jahreszeiten einfällt!

Dazu ist es gut:

Das Kind lernt durch diese Gymnastik leicht die Jahreszeiten kennen und was in ihnen passiert. Das Hinsetzen und Aufstehen ist gut für die gesamte Haltemuskulatur des Körpers. Besonders der Regen und der Sturm fördern das Gleichgewicht. Das Schlittenfahren trainiert dazu die Schultern und die Stützkraft.

Frühjahrsputz

So geht's:

1. Besorgen Sie saubere Bürsten, Schwämme und Tücher. Dazu benötigen Sie einen Ball und andere Dinge, die man putzen kann.
2. Nun darf sich das Kind etwas aussuchen, womit es putzen möchte. Dann geht es los:
   - Putzen Sie sich selbst – von oben bis unten.
   - Putzen Sie das Kind und das Kind putzt Sie, vorsichtig natürlich!
   - Wechseln Sie Ihr Putzinstrument. Hatten Sie zum Beispiel eine Bürste, verwenden Sie nun einen Schwamm.
     Wie fühlt sich das an? Was ist besser?

3. Sind Sie ausreichend sauber, kommt die Tür dran:
   - Die Tür ist groß, also stellen Sie sich mittig davor und putzen Sie oben – dazu ganz hoch strecken.
   - Dann putzen Sie mal nach rechts und mal nach links, die Füße sollten aber in der Mitte der Tür stehen bleiben.
   - Putzen Sie immer tiefer, mal rechts und links, bis Sie auf dem Boden angekommen sind.
     Geschafft!
   - Oder sollten Sie die Tür lieber noch einmal putzen? Vielleicht mit einem anderen Putzgerät?
4. Jetzt ist der Ball an der Reihe.
   - Da er leicht wegrollt, müssen Sie hinterher.
   - Oder Sie klemmen ihn sitzend zwischen die Beine und putzen ihn so.
   - Können Sie sich den Ball zwischen die Beine klemmen und sich auf den Rücken legen, dabei die Beine Richtung Decke strecken, ohne den Ball loszulassen, und dabei weiter putzen?
     Kommen Sie wieder putzend ins Sitzen zurück?
   - Fällt dem Kind oder Ihnen noch etwas anderes ein, wie man den Ball putzen kann?
     Welches Putzgerät funktioniert bei dem Ball am besten?
5. Was haben Sie noch, was sich lohnt zu putzen?

Dazu ist es gut:

Putzen ist eine typisch erwachsene Tätigkeit, also macht es Kindern viel Spaß. Dabei kann man sich herrlich strecken und dehnen. Zudem werden das Körpergefühl und die Materialkenntnis gefördert, da sich die Putzgeräte unterschiedlich anfühlen. Dies ist vor allem dann gut zu spüren, wenn sich das Kind selbst putzt.

Was meine Puppe alles kann

So geht's:

1. Holen Sie mit dem Kind zusammen eine Puppe, eine Actionfigur oder ein Kuscheltier.
2. Nun ist erst die Puppe dran. Sie macht etwas vor (geleitet durch den Erwachsenen) und das Kind macht es nach. So könnte die Puppe zum Beispiel:
   - Den Kopf weit nach rechts und dann nach links drehen,
   - die Arme kreisen lassen, einzeln und zusammen,
   - sich drehen,
   - ein Bein heben und dann das andere,
   - auf Füßen und Händen stehen und den Po Richtung Decke strecken, dabei vielleicht sogar einen Fuß hochheben,
   - in die Liegestützposition gehen, dabei einen Arm hochheben,
   - sich auf den Rücken legen und die Beine hoch in die Luft strecken oder

- sich auf dem Boden seitwärts rollen.
3. Jetzt darf das Kind etwas vormachen. Ob die Puppe das nachmachen kann?

Dazu ist es gut:

Wenn die Puppe etwas vormacht, haben die Erwachsenen einen Einfluss darauf, was das Kind übt. Schwächen des Kindes können so gezielt angegangen werden. Außerdem macht es Spaß zu sehen, ob man das auch kann, was die Puppe vormacht.
Denkt sich das Kind Übungen aus, trainiert es seinen Körper, aber es fördert auch seine Kreativität.

Zeitungspapier zu mir

So geht's:

1. Suchen Sie mit dem Kind zusammen eine (Tages-) Zeitung aus und zerlegen Sie sie in die einzelnen Seiten.
2. Werfen Sie die Seiten hoch und versuchen Sie, so viele wie möglich zu fangen.
   - Werfen Sie die Seiten hoch und laufen Sie darunter hindurch.
   - Können Sie sich unter den fliegenden Seiten drehen?
3. Nehmen Sie eine Seite und falten Sie sie so, dass sie etwa DIN A4 groß ist. Halten Sie und das Kind das Papier mit beiden Händen fest.
   - Drehen Sie sich im Kreis. Wie schnell schaffen Sie es, ohne loszulassen?
   - Halten Sie das Papier so hoch Sie können. Lassen Sie das Kind dabei ruhig auf die Zehenspitzen gehen. Sie als Erwachsener müssen sich natürlich anpassen ...
   - Nun senken Sie das Papier bis zum Boden. Können Sie es, ohne die Beine zu beugen und ohne das Papier loszulassen?

- Heben Sie das Papier noch einmal hoch und dann gehen Sie beide in die Hocke.
- Klappt es auch, wenn einer steht und einer hockt?
- Können Sie abwechselnd stehen und in die Hocke gehen, sodass aus dem Papier eine Wippe wird?

4. Setzen Sie sich dem Kind gegenüber. Grätschen Sie beide die Beine und halten Sie Ihr Papier an gestreckten Armen in Ihrer Mitte. Nun legt sich einer von Ihnen nach vorne, der andere geht zurück und umgekehrt, ohne dass Sie das Papier loslassen. Wie eine Säge!

5. Stellen Sie sich wieder. Legen Sie sich ein Blatt Zeitung auf den Kopf.
- Bleibt es liegen?
- Auch wenn Sie laufen?
- Liegt es noch, wenn Sie hüpfen?
- Können Sie sich mit der Zeitung auf dem Kopf hinsetzen und wieder aufstehen?

6. Nehmen Sie ein Blatt der Zeitung, legen Sie es sich an den Bauch und rennen Sie ein Stück. Hält das Zeitungspapier, auch ohne dass Sie es festhalten? Wenn nein, sind Sie vielleicht zu langsam ...
Kleine Kinder dürfen das Papier immer festhalten – so schnell zu laufen, ist gerade für Laufanfänger schwierig.

7. Nun haben Sie sich eine Pause verdient. Das Kind soll sich hinlegen und Sie bedecken es mit Zeitungspapier. Vielleicht erst einmal nur

einen Arm oder ein Bein. Ob es auch der Kopf sein soll, entscheidet das Kind.

Ist das Kind komplett versteckt, heißt es: Schnell aufstehen – wohin fliegen die Zeitungsseiten?

Nun ist der Erwachsene dran, versteckt zu werden.

Dazu ist es gut:

Das Werfen der Zeitung mit Fangen fördert die Auge-Hand-Koordination. Der Schnellstart wird trainiert ebenso wie das schnelle Laufen. Das Heben und Senken fördert die Beinmuskulatur wie eine Kniebeuge, aber schöner. Durch das Balancieren der Zeitung auf dem Kopf werden die Haltung und der Gleichgewichtssinn trainiert. Das Ruhespiel am Ende fördert die Geduld und das Körpergefühl.

Endlich mal liegen!

So geht's:

1. Schauen Sie, dass Sie und Ihr Kind nebeneinander bequem auf dem Boden liegen können und Platz haben.
2. Strecken Sie sich auf dem Rücken liegend ganz lang.
   - Können Sie auch nur einen Arm lang strecken und dann den anderen?
   - Drehen Sie sich auf die Seite. Danach ist die andere dran.
   - Können Sie bis auf den Bauch weiterrollen?
     Und wieder zurück auch?
     Was ist mit der anderen Seite?
3. Strecken Sie auf dem Rücken liegend Beine und Arme in die Luft. Zappeln Sie! Wie schnell können Sie es?
   - Können Sie Ihre Beine nun, ohne zu zappeln, gerade auf dem Boden ablegen?
     Und wieder gestreckt anheben auch?

      - Können Sie die Beine auf einer Seite ablegen? Und auf der anderen
        Seite auch?

      - Legen Sie sich wieder lang auf den Rücken und heben Sie ein Bein
        an. Beugen und strecken Sie es wie beim Fahrradfahren. Dann kommt
        das andere dran. Wenn es Ihnen lieber ist, stellen Sie das Bein, das
        nicht fährt, auf.

4. Drehen Sie sich auf den Bauch. Heben Sie nun die Arme und die Beine
    an. Der Kopf kann mit der Stirn auf dem Boden bleiben.
    Zappeln Sie wieder!

5. Stützen Sie in Bauchlage die Unterarme auf und heben Sie den Po an.
      - Können Sie dies auch aus der Rückenlage?
      - Und seitlich auch? Auf beiden Seiten sogar?
      - Können Sie in jeder der vier Positionen (Bauch, Rücken, rechts, links)
        auch ein Bein anheben?
      - Können Sie das alles auch auf den Händen, nicht nur auf den
        Unterarmen?

- Wenn Sie dies können, versuchen Sie doch einmal, einen Kreis zu machen. Die Füße bleiben dabei an Ort und Stelle und der restliche Körper kreist um diese Stelle herum und zwar immer im Wechsel Bauchlage, Seitlage, Rückenlage, Seitlage, Bauchlage und immer mit Stütz auf den Händen.
Haben Sie das geschafft, haben Sie sich eine Pause verdient!

Dazu ist es gut:
Die Kraft in Oberkörper, Bauch und Rücken wird trainiert, ebenso wie die Beine. Die Körperspannung und damit die Haltung wird gefördert.

Ab an die Wand!

So geht's:

1. Suchen Sie sich eine Wand oder Tür aus, an der Sie ausreichend Platz haben.
2. Stellen Sie sich mit dem Rücken an die Wand. Klappt es?
   - Können Sie dazu auch die Arme nach oben strecken?
   - Klappt es auch mit dem Bauch an der Wand?
   - Und den Armen nach oben?
   - Stellen Sie sich wieder mit dem Rücken zur Wand und heben Sie ein Bein hoch. Wie hoch schaffen Sie es?
     Ist es ein Unterschied, ob das Bein gebeugt oder gestreckt angehoben wird?
   - Nun ist das andere Bein dran.
3. Stellen Sie die Füße etwas weiter von der Wand weg und setzen Sie sich auf Ihren unsichtbaren Stuhl, sodass Ihr Rücken nach wie vor an der Wand ist.
   - Wie tief kommt der Po hinunter?
   - Können Sie dabei ein Bein anheben? Schaffen Sie es mit dem rechten Bein genauso hoch wie mit dem linken?

- Versuchen Sie, einen Ball auf Ihren Schoß zu legen, während Sie auf dem unsichtbaren Stuhl sitzen. Bleibt er liegen?

4. Wenden Sie sich nun wieder mit dem Bauch zur Wand und stützen Sie die Hände daran. Laufen Sie mit den Beinen immer weiter zurück, ohne dass die Hände die Wand verlassen – tiefer stellen dürfen Sie sie natürlich! Wie weit kommen Sie nach unten? Bis zum Boden?
   - Nun soll das Kind diese Position halten und Sie rollen einen Ball unter ihm hindurch. Dann sind Sie dran mit Stehen und das Kind darf den Ball hindurch rollen.

5. Gehen Sie auf alle Viere, sodass die Füße näher als die Hände an der Wand sind. Laufen Sie nun mit den Füßen die Wand nach oben und stützen Sie sich mit den Händen ab.
   - Wie hoch kommen die Füße?
   - Schaffen Sie es, dass sogar Ihr Bauch an der Wand ist, sind Sie Profi!

Wenn Ihr Kind dies versucht, stützen Sie es, damit es nicht umfällt. Legen Sie zusätzlich eine Gymnastikmatte oder Matratze unter.

6. Legen Sie sich so auf den Rücken an die Wand, dass ihr Po Richtung Wand liegt und die Beine an der Wand nach oben zeigen. Laufen Sie nun mit den Beinen nach oben und heben Sie dabei den Po an. Es liegen nur noch die Schultern, die Arme und der Kopf auf dem Boden auf. Wie weit kommen Sie?

7. Setzen Sie sich nun vor die Wand, sodass die Füße die Wand berühren und die Beine geschlossen und möglichst gestreckt sind. Schaffen Sie es, mit den Händen die Wand zu berühren?
   - Grätschen Sie die Beine und rücken Sie wieder so dicht an die Wand, dass die Füße die Wand berühren. Können Sie nun mit Ihren Händen vom rechten zum linken Fuß an der Wand entlang laufen? Auch mit ganz gestreckten Beinen?

Dazu ist es gut:

Steht man an der Wand, braucht es Balance, um nicht umzukippen, gerade wenn man noch jung ist. Die Brücken trainieren die Mittelkörperspannung und sind gut für Bauch und Rücken. Der unsichtbare Stuhl fördert zusätzlich die Bein- und Posmuskulatur. Das Sitzen an der Wand aus Nummer 7 ist eine gute Dehnung für die Beine.

Höher, schneller, weiter!

Laster-Rallye

So geht's:

1. Stecken Sie mit dem Kind zusammen eine Strecke ab. Markieren Sie dabei Start- und Zielpunkt.
2. Holen Sie einen größeren Laster, den das Kind schieben kann. Alternativ geht es auch mit einem Puppenwagen oder mit einem Rutschauto mit und ohne Anhänger.

3. Nun brauchen Sie noch Dinge, die das Kind transportieren kann. Kuscheltiere, Bausteine, Nüsse oder Bälle zum Beispiel.
4. Nun geht es los: Das Kind soll die Dinge mit seinem Laster (oder Wagen) von der Startlinie bis ins Ziel bringen. Kann es das nicht auf einmal, braucht es mehrere Durchläufe.
   - Wie schnell schafft es das?
   - Geht es schneller, wenn ein Erwachsener mit dem Kind abwechselt?
   - Macht es mehr Spaß, um Kissen im Slalom bis zum Ziel zu fahren? Genügt der Platz, kann die Laster-Rallye auch als Wettspiel gegeneinander gespielt werden.

Dazu ist es gut:
Das Spiel fördert die Ausdauer ebenso wie die motorischen Abläufe. Es ist nicht so leicht, mit einem Laster zu rennen.

Alle meine Luftballons

So geht's:

1. Pusten Sie ein paar Luftballons auf. Schön ist es, wenn das Kind sich die Farben aussuchen darf.
2. Nun werfen Sie einen Luftballon hoch und fangen ihn wieder auf. Kann das Kind das auch?
   - Wie lange bleibt der Luftballon in der Luft?
   - Kann das Kind unter dem Ballon hindurchrennen?
   - Können Sie sich den Ballon zuwerfen und fangen?
   - Wie viele Luftballons kann das Kind hochwerfen, bevor der erste wieder auf dem Boden ist?
   - Und Sie?
3. Legen Sie den Ballon auf den Boden.
   - Kann das Kind ihn in die Höhe schießen?

- Lassen Sie das Kind an der Seite auf den liegenden Ballon schlagen. Wie hoch fliegt er?
4. Kann das Kind den Luftballon auch mit einer Fliegenklatsche oder einem Schläger in der Luft halten?
   - Können Sie sich den Ballon auf dem Boden mit Schlägern oder einer Fliegenklatsche zuspielen?
   - Und in der Luft auch?
5. Klemmen Sie einen Luftballon zwischen Ihrem Bauch und dem des Kindes ein.
   - Können Sie laufen oder sich umdrehen, ohne dass der Luftballon herunterfällt?
6. Kann das Kind den Ballon fest in einer Hand halten und durch den Raum laufen?
   - Klappt das auch so gut, wenn eine kleine Figur auf dem Ballon sitzt?

Dazu ist es gut:

Das Werfen eines Luftballons erfordert Hand-Augen-Koordination, umso mehr, wenn eine Fliegenklatsche benutzt wird oder der Luftballon wieder gefangen werden soll.

Beim Einklemmen und dem Balancieren wird die Geduld und die eigene Körperbeherrschung trainiert.

Kistenklettern

So geht's:

1. Stellen Sie Versandkartons in verschiedenen Größen auf. Selbstverständlich können Sie auch Wäschekörbe, umgedrehte Hocker oder stabile Spielzeugkisten verwenden.
2. Nun beginnt der Spaß:
   - Kann das Kind in alle Kisten hinein- und hinausklettern?
   - Kann das Kind von Kiste zu Kiste klettern?
   - Kann es in den Kisten hüpfen?
   - Kann es in die Kisten hineinspringen?
   - Kann es über eine Kiste hinwegspringen?
   - Wie lange braucht es, um durch alle Kisten zu klettern oder zu hüpfen?

Vorsicht:
Manche Kiste ist wackelig. Hier sollte ein Erwachsener zunächst sichern, bevor das Kind es alleine versucht!

Dazu ist es gut:
Auf diese Weise haben Versandkartons noch einen weiteren Sinn und müssen nicht gleich zum Altpapier. Für das Kind bringt das Spiel eine neue Herausforderung, die nicht alltäglich ist. Das Üben fällt damit viel leichter und seine Kletterfähigkeit sowie seine Sprungkraft werden spielend trainiert.

Vorsicht! Piraten!

So geht's:

1. Bauen Sie gemeinsam mit dem Kind eine Pirateninsel oder ein Piratenschiff auf. Benutzen Sie dazu, was Sie zu Hause haben und gerne verwenden möchten. Das können Stühle sein, Tische, Decken oder Kisten.
   Darf ein Stuhl auf den Tisch hinauf als Palme oder Ausguck?
   Können Sie eine Schatzhöhle oder den Bauch des Schiffes einbauen?

Vorsicht: Bei größeren Höhen sollten Sie besonders achtsam sein und gegebenenfalls eine Matratze oder eine Gymnastikmatte als Fallschutz unterlegen.

2. Nun darf gespielt werden. Wer klettert in den Ausguck oder auf die Palme?
   Was räubern die Piraten, um es auf ihr Schiff oder ihre Schatzinsel zu bringen?
   Halten Sie mit einem Fernrohr nach anderen Schiffen Ausschau – eine leere Klorolle genügt dazu völlig.
3. Sind Piraten heute nicht erwünscht, kann das Gebaute sicher auch eine Ritterburg oder ein Eispalast sein, eine Polizeistation oder was auch immer das Kind bespielen möchte.

Dazu ist es gut:

Schon die Planung fördert die Kreativität des Kindes und seine Frustrationstoleranz, denn manche Dinge funktionieren nicht oder sind nicht bei allen Beteiligten erwünscht.
Der Bau trainiert seine Kraft und seine Ausdauer.
Das Spiel selbst fördert die Körperbeherrschung des Kindes, da es viel klettern und unebenes Gelände überwinden muss.

Mitmachgeschichte

So geht's:

1. Suchen Sie sich mit dem Kind eine Geschichte aus.
2. Legen Sie fest, was getan werden muss, wenn eine bestimmte Figur in der Geschichte erwähnt wird. Zum Beispiel bei der Geschichte von Hänsel und Gretel:
   Hänsel bedeutet, alle klettern auf ihren Stuhl, klettern herunter und setzen sich wieder.
   Gretel bedeutet 3x hüpfen.
   Hexe meint 3x auf den Boden legen und aufstehen,
   Vater bedeutet einmal aufstehen und im Kreis drehen.

3. Lesen Sie nun die Geschichte vor oder spielen Sie sie ab. Immer dann, wenn eine der festgelegten Personen vorkommt, müssen alle die Aktion dazu durchführen.

Dazu ist es gut:
So können alle die Geschichte neu erleben – Lachen ist garantiert. Sowohl Bewegungsmuffel als auch unruhige Kinder, die sonst nicht so gerne Geschichten vorgelesen bekommen oder hören, kommen auf ihre Kosten. Dazu werden je nach Übung bestimmte Muskelgruppen und auf jeden Fall die Ausdauer und Konzentration trainiert.

Buzzern macht Spaß!

So geht's:

1. Legen Sie einen Startpunkt und eine Ziellinie fest. Am Ziel steht ein Buzzer oder eine Klingel, gerne auch als Handyapp.
2. Nun darf das Kind die Strecke rennen und am Ende den Buzzer drücken.
   - Wie schnell klappt es?
   - Kann das Kind auch rückwärts, hüpfend oder seitwärts so schnell sein?
3. Kann das Kind auf dem Weg zum Buzzer einen Parcours überwinden und dabei zum Beispiel über zwei Stühle klettern?

Dazu ist es gut:

Durch den Buzzer macht das Bewegen noch einmal so viel Spaß. Auch Bewegungsmuffel lassen sich durch ihn zu mehr Action überreden. Das Rennen trainiert dabei Schnelligkeit und Ausdauer. Der Parcours ist gut für die Körperbeherrschung.

Alles schief!

So geht's:

1. Bauen Sie mit dem Kind eine schiefe Ebene. Haben Sie einen Klettersteig oder ein langes, stabiles Brett, ist es leicht. Sonst nehmen Sie eine stabile Pappe und als Unterbau Kissen, Decken und was Ihnen noch einfällt. Feste Punkte können ein Kindertisch oder Stuhl und der Boden sein.
2. Lassen Sie das Kind ausprobieren, ob es über die schiefe Ebene krabbeln oder laufen kann.
   - Kann es hüpfen?
   - Oder rollen?
   - Ist die schiefe Ebene breiter, kann es vielleicht mit dem Rutschauto herunter fahren?
   - Kann ein Ball die Ebene hinunter rollen? Und wieder hinauf?

Natürlich müssen Sie bei diesem Spiel auf ausreichend Platz achten. Das Bild dient nur als Anhalt.

Mein Stickerbild

So geht's:

1. Holen Sie Sticker, die dem Kind gefallen. Zusätzlich brauchen Sie ein Blatt Papier.
2. Nun bauen Sie einen kleinen Parcours auf, vielleicht mit einem Seil, Hockern, Kissen, Stühlen und dem Tisch. Fragen Sie das Kind, was es gerne hätte. Vielleicht muss man über einen Stuhl klettern, das Seil entlang

balancieren, von Hocker zu Hocker springen und unter dem Tisch durchkriechen.

Oder es geht unter dem Tisch durch, unter einem Stuhl durch, über den ersten Hocker, am Seil entlang und über einen weiteren Hocker.

3. Am Startpunkt des Parcours legen Sie die Sticker ab, am Ende das Blatt.
4. Nun soll das Kind mit einem Sticker durch den Parcours gehen und darf ihn am Ende auf das Blatt kleben.

Dann geht es außen herum zurück und mit dem nächsten Sticker durch den Parcours, bis ein schönes Bild entstanden ist.

- Wie schnell ist das Kind?
- Gibt es ein bestimmtes Bild, das fertig sein soll?
- Kann das Kind auch auf dem Rückweg durch den Parcours?

Dazu ist es gut:

Das Bauen des Parcours fördert die Kreativität des Kindes. Sein Überwinden trainiert seine Körperbeherrschung, wobei das Aufkleben der Sticker eine zusätzliche Schwierigkeit darstellt – dies erfordert nämlich feinmotorisches Geschick, was durch die vorherige Anstrengung schwerer umzusetzen ist.

Wickel-, Wockel-, Wackelbahn

So geht's:

1. Bauen Sie mit dem Kind eine Wackelbahn auf dem Boden auf. Benutzen Sie dafür Kissen und Decken. Eine Decke können Sie über alles legen und damit besonders die Kissen etwas feststopfen. So rutschen sie nicht so leicht weg.

Wenn Sie möchten, legen Sie noch eine große Pappe darüber. So wird der Untergrund auch für Rutschautos befahrbar.

2. Lassen Sie das Kind ausprobieren, wie es am besten über die Wackelbahn kommt.
   - Kann es laufen oder krabbeln?
   - Kann es hüpfen?
   - Kann das Kind ein kleines Säckchen oder Kissen auf dem Kopf balancieren, während es die Bahn überquert?
   - Kann man mit dem Rutschauto über die Wackelbahn fahren?
3. Wenn Sie einen Kriechtunnel haben, können Sie ihn nun über die Wackelbahn legen. Gelingt das Hindurchkrabbeln gut?

Dazu ist es gut:

Durch den wackeligen Untergrund werden die Muskeln des Kindes mehr beansprucht, als wenn es normal laufen würde. Es muss sein Gleichgewicht halten und den unebenen Untergrund ausgleichen. Dies alles sorgt für ein gutes Körpergefühl.

Der Kriechtunnel bringt noch mehr Spannung hinein, denn man sieht den Weg nicht mehr so gut. Zudem kann er zur Seite rutschen, sodass auch beim Kriechen verstärkt das Gleichgewicht gehalten werden muss.

Kindlein, hüpf!

So geht's:

1. Sie benötigen diverse Dinge, von denen das Kind herunter springen kann, wie einen Hocker, einen Stuhl, einen Tisch oder eine Leiter.
2. Bevor Sie richtig loslegen, soll das Kind zunächst auf der Stelle hüpfen, damit es warm wird.
3. Dann geht es an die Hindernisse.
   - Wovon kann das Kind gut herunterhüpfen? Wo braucht es Hilfe?
   - Wie schnell ist das Kind hochgeklettert und herunter gesprungen?
4. Ist das geschafft, werden die Hindernisse kombiniert. So kann von dem Stuhl auf den Hocker gesprungen werden. Oder die Treppe wird heruntergehüpft, von Stufe zu Stufe. Klappt das bei der Leiter auch?
   - Kann das Kind vom Tisch auf den Stuhl und dann auf den Hocker springen?
   - Was gelingt gut, was nicht?

Vorsicht: Sie müssen auf jeden Fall darauf achten, dass nichts umfällt, denn natürlich können die Sachen kippen.

5. Eben ist das Kind heruntergesprungen. Kann es auch hinaufspringen? Auf den Hocker? Oder sogar den Stuhl?
   - Kann es vom Hocker auf den Stuhl und dann auf den Tisch hochspringen?
   - Klappt es auch Stufe für Stufe bei der Treppe oder der Leiter?
   - Was gelingt am besten?

6. Ist das Kind schon geübt, soll es versuchen, nur mit einem Bein zu springen – herunter und herauf. Dabei immer mal das Bein wechseln. Was klappt am besten?

Dazu ist es gut:
Dieses Spiel trainiert die Sprungkraft, die Kreativität sowie die Ausdauer.

Mitmach-Spiel

So geht's:

1. Suchen Sie sich mit dem Kind zusammmen ein Gesellschaftsspiel aus. Das kann ein Skat-Spiel sein oder ein Spiel, bei dem ein Ziel mit einer Figur erreicht werden muss. Ob das Kind die Regeln versteht und das Original-Spiel spielen kann, ist für diese Aktion unwichtig.
2. Nun müssen Sie kreativ werden. Überlegen Sie, was bei welchem Ereignis im Spiel gemacht werden soll und legen Sie los!
   - Beim Skatspiel könnte es so sein: Alle Karten werden auf einen Stapel gelegt und es wird reihum eine aufgedeckt. Bei einem Buben müssen alle 5x auf der Stelle hüpfen, bei einer Dame müssen alle einmal um den Tisch rennen, bei einem König müssen alle 5

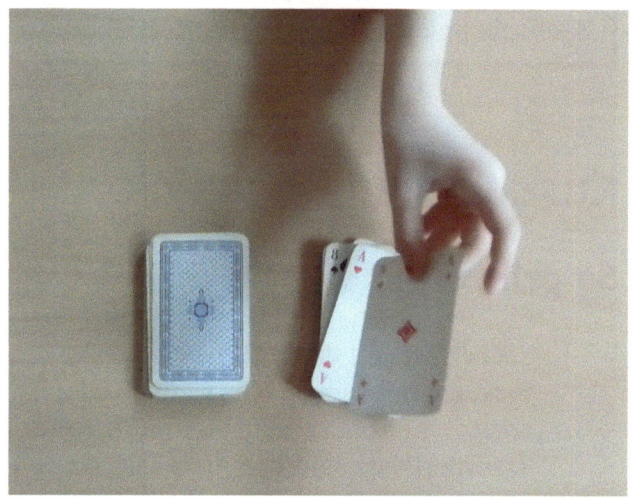

Kniebeugen machen,
bei einem Ass müssen sich alle einmal um sich selbst drehen.
- Bei einem Farbspiel können die Farben definiert werden als
blau ist 3x hüpfen,
rot bedeutet 3x auf den eigenen Stuhl steigen und herunter
springen,
gelb bedeutet 3x aufstehen und wieder hinsetzen,
grün meint einmal auf den Boden legen und wieder aufstehen,
weiß bedeutet um den Stuhl rennen.
- Mensch ärgere dich nicht könnte mit jeweils einem Männchen
gespielt werden.
Bei einem Startfeld passiert auf jeden Fall nichts, sonst ist es so:
bei einer zwei müssen alle zwei Kniebeugen machen,
bei einer 4 sind 4 Liegestützen dran,
bei einer 6 müssen alle 6 mal aus der Hocke einen Strecksprung
machen.
Wer erreicht zuerst sein Haus und hat noch Puste?

Dazu ist es gut:

Die Kreativität des Kindes und von Ihnen ist gefordert, zudem die
Merkfähigkeit. Je nach den gewählten Übungen werden unterschiedliche
Muskeln, auf jeden Fall aber die Kraftausdauer gefördert – und es macht
Spaß, ein Spiel auf diese Weise zu erleben.

Kuscheltier-Picknick

So geht's:

1. Suchen Sie mit dem Kind alles zusammen, was man für ein gutes
   Picknick mit seinem Kuscheltier (oder natürlich mit einer Puppe oder
   einer Actionfigur) braucht. Ein Rucksack oder eine Tasche für den
   Transport darf natürlich nicht fehlen.

2. Bauen Sie nun einen kleinen Parcours auf, der den Weg bis zum Ausflugsziel beschreibt. Hier kann das Kind viel helfen.
   - Geht es durch einen Tunnel (unter dem Tisch durch)?
   - Findet das Picknick in den Bergen statt (auf dem Tisch)?
   - Muss das Kind eine Strecke mit dem Auto (Rutschauto) fahren?
   - Oder kann eine Strecke nur kriechend oder schwimmend (über den Spielteppich oder durch den Kriechtunnel) zurückgelegt werden?
3. Nun wird der Rucksack gepackt und es geht los durch den Parcours zum Picknickort. Wie herrlich! Vielleicht hat das Kind ja wegen der vielen Plackerei sogar echte Kekse oder Apfelstücke dabei?

Dazu ist es gut:

Eine Reise durch den Parcours ist natürlich anstrengend und schult die Ausdauer, da jede Bewegungsform vorkommt. Die Körperbeherrschung wird ebenso trainiert. Aber schon das Auswählen der Strecke fördert die Kreativität des Kindes ungemein.

Tür-Rallye

So geht's:

1. Suchen Sie Dinge, die das Kind gut tragen kann. Sie dürfen gerne schwer sein, dann ist es anstrengender und spannender.
2. Stellen Sie sicher, dass niemand gerade jetzt durch die Wohnungstüren gehen muss.
3. Nun soll das Kind die ausgewählten Dinge zu den Türen in der Wohnung beziehungsweise im Haus bringen.
   - Wie schnell geht es?
   - Schafft es das in einer bestimmten Reihenfolge?
   - Rufen Sie dem Kind spontan zu, welche Tür nun dran ist.
   - Nennen Sie dem Kind mehrere Türen und jeweils eine Sache, die dorthin soll. Kann es sich alles richtig merken?
4. Ist alles verteilt, müssen die Sachen natürlich wieder eingesammelt werden. Ganz schnell!
   Geht es besser, wenn das Kind einen Einkaufskorb benutzen darf?

Dazu ist es gut:
Die Tür-Rallye fördert die Ausdauer und die Schnelligkeit des Kindes. Bekommt das Kind mehrere Orte oder Dinge direkt hintereinander gesagt, trainiert das seine Merkfähigkeit.

Krabbeln und Klettern

So geht's:

1. Holen Sie Dinge, auf die man klettern oder unter denen man hindurch krabbeln kann. Das können der Tisch, Stühle, Kissen, Kisten, Kästen oder ein stabiles Brett sein.

2. Bauen Sie mit dem Kind eine Kletterroute. Zum Beispiel:
   - Zuerst unter dem Tisch durch,
   - auf denselben hinauf,
   - auf einen Stuhl hinunter,
   - auf ein Kissen springen,
   - in eine Kiste klettern,
   - hinaus auf ein weiteres Kissen und
   - mit den Knien auf diesem Kissen bis zum nächsten großen Stuhl rutschen,
   - darunter durch krabbeln und dann
   - über das Brett, das auf zwei Stühlen ruht.
3. Nun legen Sie noch eine Start- und eine Ziellinie fest und los geht's!
   - Wie schnell ist das Kind?
   - Klappt etwas besonders gut?
   - Wie kann der Parcours verändert werden?

Dazu ist es gut:
Das Krabbeln und das Klettern fördern Beweglichkeit, Geschicklichkeit und Körperbeherrschung. Da das Kind die Route mitbestimmt, trainiert es seine Kreativität.

Paare finden

So geht's:

1. Holen Sie Memorykarten oder Dinge, von denen Sie ein Paar haben. Wählen Sie je nach Lust und Laune etwa 6 verschiedene Paare aus.
2. Legen Sie das Spielgebiet fest. Wird nur in einem Zimmer oder in der ganzen Wohnung gespielt? Auf einer Etage oder in zwei Räumen?
3. Nun sind erst Sie dran. Sie verstecken jeweils ein Paarteil, während das Kind die Augen geschlossen hält und abwartet. Je nach dem Alter des Kindes müssen die Dinge offen „versteckt" werden oder etwas schwerer.
4. Nun darf das Kind die versteckten Teile suchen. Da jeweils noch ein Paarteil bei ihm ist, weiß es, was noch fehlt.
5. Jetzt ist das Kind dran. Es darf jeweils ein Paarteil verstecken, das Sie dann suchen dürfen.

Dazu ist es gut:

Das Kind muss sich merken, was es gerade suchen soll. Das trainiert sein Gedächtnis. Muss es klettern, um die Paare zusammen zu finden, werden sein motorisches Geschick und seine Körperbeherrschung trainiert.
Da es selbst auch verstecken darf, kann es sich wie ein Erwachsener fühlen, was gut für sein Selbstwertgefühl ist. Ebenso wird seine Kreativität durch das Finden von Verstecken gefördert.

Tischlein, deck' dich!

So geht's:

1. Suchen Sie
kindgerechte Dinge
zusammen, die man
für eine ordentliche
Mahlzeit braucht.
Einen Teller, eine
Tasse oder einen
Becher, eine
Trinkflasche oder
Kanne, dazu ein
Brötchen,
Apfelstücke und ein
paar Rosinen vielleicht.
Gerne dürfen die Dinge aus der Spielküche kommen.
Soll eine Puppe oder ein Kuscheltier mitmachen, brauchen Sie
natürlich alles doppelt.
2. Die ausgewählten Dinge verteilen Sie im Raum.
3. Nun ist das Kind dran. Es muss nacheinander alle Dinge herbeiholen
und seinen Puppentisch decken.
   - Wie schnell ist es?
   - Wie oft ist etwas heruntergefallen?
4. Wenn Sie möchten, machen Sie den Weg schwerer.
   - Es müssen erst Stühle überwunden werden
   - oder der Essplatz befindet sich unter dem Tisch, zu dem nur ein
     Tunnel führt.
5. Zur Belohnung darf das Kind die Früchte seiner Arbeit genießen.

Dazu ist es gut:
Schnelligkeit und Ausdauer sowie Körperbeherrschung werden gefördert,
ebenso wie eine ruhige Hand, je nachdem, wie die Dinge transportiert
werden sollen.

Anziehen mal anders

So geht's:

1. Suchen Sie Kleidungsstücke oder Accessoires, die dem Wetter angepasst sind und die das Kind gut anlegen kann. Bei der Auswahl kann das Kind helfen.
   - Das können im Winter eine Mütze, Handschuhe und ein Schal sein.
   - Im Sommer zum Beispiel eine Sonnenbrille, eine Kette und eine Kappe.
   Selbstverständlich können es auch mehr als drei Teile sein.
2. Danach bauen Sie einen kleinen Parcours auf. Zum Beispiel könnte er
   - über die Couch,
   - unter den Couchtisch,
   - durch den Kriechtunnel und
   - über einen Stuhl führen.
   Hier ist das Kind als Helfer gefragt.

3. Nun legen Sie zwei der ausgesuchten Dinge auf die eine Seite des Parcours und das andere auf die andere. Haben Sie mehr ausgewählt, dann legen Sie entsprechend mehr Teile auf jede Seite.
4. Jetzt geht es los. Das Kind startet auf der Seite mit weniger Teilen, bei gleich vielen Teilen ist es egal. Dann überwindet es den Parcours, zieht dort ein Teil an, geht damit zurück durch den Parcours, um wieder ein Teil anzuziehen und so weiter, bis das Kind alle Teile angelegt hat.
   - Wie schnell war es?
   - Hat das Kind es geschafft, mit allen Dingen durch den Parcours zu kommen, ohne etwas zu verlieren?
5. Ist alles angelegt, können Sie zum Beispiel einen Spaziergang machen oder eine Garten- oder Balkonparty, so hat das Spiel einen schönen Abschluss.

Dazu ist es gut:

Anziehen ist nicht immer so leicht, hier wird es geübt. Auch die Körperbeherrschung wird im Parcours trainiert, vor allem da es durch die angelegten Dinge immer schwerer wird, ihn zu überwinden.

Besenball

So geht's:

1. Holen Sie Spielbesen oder -schrubber und einen weichen Ball.
2. Markieren Sie ein Tor und das Spielfeld.
3. Nun soll das Kind versuchen, mit dem Besen den Ball in das Tor zu spielen. Selbstverständlich stehen Sie im Tor und versuchen, das zu verhindern – manchmal, denn sonst macht es bald keinen Spaß mehr.
   - Wie viele Tore schafft das Kind?
   - Geht es mit einem anderen Ball besser?
   - Klappt es auch mit einem Luftballon?

4. Sie können auch einen kleinen Parcours aufbauen, durch den das Kind den Ball mit dem Besen bringen soll. Je nach Fertigkeiten des Kindes kann dieser mehr oder weniger anspruchsvoll gestaltet werden.

Dazu ist es gut:

Das Spiel trainiert die Geschicklichkeit, denn leicht ist es nicht, mit dem Besen den Ball zu spielen. Dazu wird auch die Arm- und Handmuskulatur gefördert.

Indem verschiedene Bälle benutzt werden, lernt das Kind viel über unterschiedliche Materialien und deren Eigenschaften.

Lauf-Puzzle

So geht's:

1. Wählen Sie gemeinsam mit dem Kind ein Puzzlespiel aus.
2. Nun legen Sie die Puzzleteile auf eine Seite des Raums.
3. Gepuzzelt werden soll aber auf der anderen Seite oder am Tisch. Daher ist jetzt das Kind dran. Es muss mit jeweils einem Teil (bei größeren Puzzles mit mehreren Teilen) vom Depot zur Puzzlestelle rennen und dort das Puzzle zusammenfügen.
   - Wie schnell geht es?
4. Damit es noch interessanter ist, können Sie Ihrem Kind unterwegs Hindernisse oder Aufgaben stellen.
   - So muss das Kind um einen Stuhl herumrennen
   - oder unter dem Stuhl hindurchkriechen
   - oder darüber klettern.
   - Kann das Kind auch mit dem Puzzleteil über einen Stuhl klettern, durch den Kriechtunnel krabbeln und über ein Kissen springen, bevor es das Puzzle zusammensetzt?

Dazu ist es gut:

Puzzeln macht Spaß, trainiert die Feinmotorik und fördert das Verständnis von Formen und Farben. Zusammen mit der Bewegung werden zudem Ausdauer und Schnelligkeit trainiert.

Bilderbuch in Bewegung

So geht's:

1. Suchen Sie sich mit dem Kind ein Bilderbuch aus und schauen Sie es sich gemeinsam an.
2. Setzen Sie die verschiedenen Stationen in Bewegung um.
   - Wo spielt das Buch?
     Ist dort ein Bauernhof mit dem Bauernhaus und den Ställen? Dies könnten der Tisch und die Stühle sein.
     Ist da ein See? Benutzen Sie dafür eine Decke.
   - Wer ist da?
     Sind dort Tiere? Wie bewegen sie sich? Welche Laute machen sie?
   - Was passiert in dem Buch?
     Können Sie es nachspielen? Gibt es zum Beispiel einen Unfall, bei dem geholfen werden muss?
   - Seien Sie kreativ und nutzen Sie die Kreativität des Kindes.
     Gemeinsam können Sie viele tolle Szenen entwickeln. Und wer weiß, vielleicht filmen Sie es und haben dann einen ganz eigenen Film zu Ihrem Bilderbuch.

   Auf der Seite nebenan sehen Sie das Buch „Abenteuer im Wichtelwald", illustriert von Fritz Baumgarten. Die Maus trifft hier auf die Frösche, die den ganzen Tag am Strand spielen und vom Steg ins Wasser springen.
   Also gibt es hier einen See (die Decke), einen Steg (den Tisch) und ein kleines Strandhäuschen (einen Kindersessel mit einer großen Pappe darüber).

Dazu ist es gut:
Dieses Spiel lässt das Kind ein Buch neu erleben. Dazu fördert es seine Kreativität auf ganz besondere Weise.
Gibt es davon sogar Fotos oder einen Film, kann es immer wieder stolz sein Werk bewundern.

Viele, viele Tischtennisbälle

So geht's:

1. Für dieses Spiel brauchen Sie mindestens einen Tischtennisball, viele sind besser. Tischtennisbälle sind gut zu greifen, besonders für kleine Kinderhände. Zudem sind sie sehr leicht, können also in einer Wohnung keinen Schaden anrichten.
2. Als erstes soll das Kind einen Tischtennisball von einer in die andere Hand geben.
   - Gelingt es gut?
   - Geht es schneller?
   - Kann es den Ball um sich selbst herum geben?
3. Lassen Sie sich den Ball von dem Kind geben, sodass er einen Kreis beschreibt. Von der rechten in die linke Hand des Kindes, zur rechten Hand des Erwachsenen, in dessen Linke und wieder zur rechten Hand des Kindes zurück.
   - Geht das auch als 8?
   - Nehmen Sie noch einen zweiten Ball dazu. Geht es ebenso gut?
4. Nun soll das Kind den Tischtennisball in die Luft werfen und fangen.
   - Zuerst mit beiden Händen, dann mit einer.
   - Werfen Sie sich den Ball zu.
   - Geht das auch über ein Hindernis hinweg?
5. Lassen Sie das Kind den Ball auf den Boden werfen und wieder fangen.
   - Klappt es?
   - Wie oft schafft es das Kind hintereinander?
6. Gehen Sie auf eine Seite eines Tisches, das Kind auf die andere. Rollen Sie sich den Ball zu.
   - Klappt es gut?
   - Nehmen Sie noch einen Ball dazu. Klappt es immer noch?
   - Werfen Sie sich den Ball so zu, dass er einmal auf dem Tisch auftrifft, so wie beim Tischtennis. Geht es gut?
   - Können Sie den Ball zum Beispiel in einen Becher rollen, der auf dem Tisch liegt?

7. Bauen Sie eine kleine Treppe für den Tischtennisball, zum Beispiel
- von einem Tisch
- zu einem Stuhl und
- in einen Korb, der auf dem Boden steht.

Lassen Sie Tischtennisbälle hinunterspringen.
- Treffen Sie den Korb?
- Gelingt es mit mehreren schnell hintereinander?
- Wie könnten Sie Ihre Rampe verändern?

8. Nehmen Sie alle Tischtennisbälle, die Sie haben, und legen Sie sie in einen Korb oder eine Kiste.
   Nun kippen Sie alle aus.
   - Das Kind soll sitzen bleiben, bis der Letzte liegt und kein Geräusch von den Bällen mehr zu hören ist. Jetzt ist es Zeit, alle Bälle wieder einzusammeln.
     Sind alle zu finden?
   - Und nun das Gleiche, aber ohne Sitzenbleiben. Hinterher und Bällen nachjagen!
     Wie viele kann das Kind fangen, bevor sie liegen bleiben?

Dazu ist es gut:
Das Werfen und Fangen trainiert die Auge-Hand-Koordination. Dazu wird die Kreativität durch die freie Gestaltung des Spiels gefördert.

Wurfspiel

So geht's:

1 Wählen Sie verschiedene Behälter wie Becher, Körbe oder Schüsseln und unterschiedliche Dinge aus, die geworfen werden können. Das kann geknülltes Papier ebenso sein wie Bälle jeglicher Art, Kuscheltiere oder Hausschuhe. Je nachdem, was Sie gerne mögen.

2. Markieren Sie eine Wurflinie.

3. Von dieser Linie ab darf das Kind nun versuchen, mit seinen Wurfgeschossen die Behälter zu treffen.
   - Was klappt am besten?
   - Was klappt gar nicht?
   - Was könnte ebenfalls benutzt werden?
   - Kann das Kind mit rechts genauso gut werfen wie mit links?

- Schafft das Kind es auch, mit beiden Händen gleichzeitig zu werfen?
4. Nun wird es spannender. Variieren Sie dabei gerne auch die Wurfhand.
   - Das Kind soll sich mit dem Rücken zum Ziel stellen und darf sich erst kurz vor dem Wurf umdrehen.
   - Es soll sich hinsetzen und muss zum Werfen aufstehen.
   - Das Kind beginnt im Liegen (auf dem Bauch oder dem Rücken, Kopf in Richtung des Ziels oder davon abgewandt) und muss sich erst hinstellen.
   - Das Kind darf erst eine Runde um den gesamten Aufbau rennen, bevor es werfen darf.
   - Das Kind muss aus dem Lauf sein Wurfgeschoss holen und dann an der Wurflinie zum Stehen kommen und sofort werfen.
   Fällt Ihnen noch mehr ein?

Dazu ist es gut:

Die Auge-Hand-Koordination wird trainiert, zudem die Geschicklichkeit, da immer neue Ablenkungen geschaffen werden, bevor der Wurf kommt. Durch das Aufstehen wird die Beinmuskulatur trainiert, das Rennen fördert die Schnelligkeit.

Alea iacta est – Würfel-fit

So geht's:

1. Holen Sie einen Würfel. Wenn Sie einen haben, darf es gerne ein großer Schaumstoffwürfel sein.
2. Nun überlegen Sie gemeinsam mit dem Kind, welche Aktion nacheinander an der Reihe sein soll. Zum Beispiel:
   - Auf der Stelle hüpfen,
   - hinlegen und aufstehen,
   - auf einen Stuhl klettern und herunterspringen,
   - aus der Hocke am Boden in die Luft springen,

- springen wie ein Frosch und
- um einen Stuhl herumrennen.

Sicher fallen Ihnen noch andere Dinge ein.

3. Steht die Reihenfolge fest, wird reihum gewürfelt. Je nach Augenzahl muss die Übung entsprechend oft ausgeführt werden.

Dazu ist es gut:

Das Kind lernt die Augenzahlen auf dem Würfel kennen und setzt sie in Bewegung um. Je nach Übung werden dazu bestimmte Muskelgruppen und die Ausdauer gefördert.

Alle meine Klammern

So geht's:

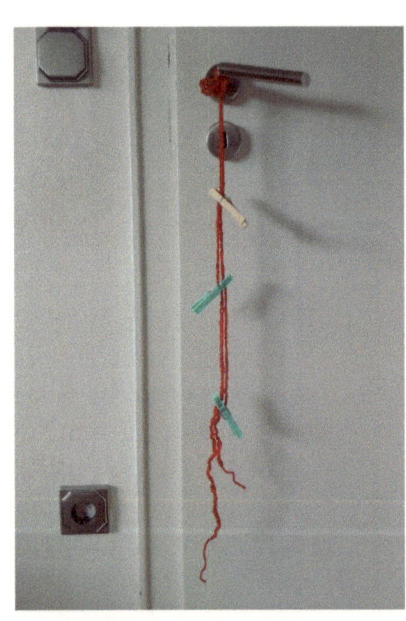

1. Holen Sie Wäscheklammern oder alternativ Bänder oder Anhänger, die man leicht aufhängen kann.
2. Benutzen Sie Wäscheklammern, hängen Sie noch ein langes Band an eine Türklinke.
3. Jetzt geht es los. Das Kind soll die Wäscheklammern einzeln bis zu der Tür bringen und sie dort an dem Band anklammern. Bänder und Aufhänger

werden von dem Kind an die Türklinke gehängt oder in eine dort aufgehängte Tasche getan.
- Wie schnell geht es?
- Muss zwischen Start und Ziel ein kleiner Parcours überwunden werden?
- Klappt es auch mit Rückwärtslaufen?
- Oder kann das Kind alles hüpfend erledigen?

Dazu ist es gut:
Das Spiel schult die Ausdauer sowie die Schnelligkeit und dazu die Feinmotorik, da die Wäscheklammern angebracht oder Dinge aufgehängt oder in die Tasche gesteckt werden müssen.

Alles Tunnel?

So geht's:

1. Holen Sie Ihren Kriechtunnel. Haben Sie keinen zu Hause, bauen Sie sich einen, zum Beispiel mit Stühlen oder einem niedrigen Tisch und Decken.
2. Jetzt geht der Spaß los. Zuerst soll das Kind durch den Tunnel kriechen.
   - Klappt das gut und schnell?
   - Vorwärts und rückwärts?
3. Nun soll das Kind etwas durch den Tunnel mitnehmen. Zum Beispiel ein Kuscheltier oder einen Ball.
   - Ist der Tunnel sehr dunkel, darf das Kind ein Licht (LED-Lämpchen oder Taschenlampe) mitnehmen und so auf Entdeckungsreise gehen.
4. Kann das Kind mit dem Tunnel (oder nur der Decke) seitlich rollen?
5. Als nächstes soll das Kind über den Tunnel klettern. Seitlich oder der Länge nach.
   - Kann es über den Tunnel springen?
6. Nun wird der Kriechtunnel auf etwas daraufgelegt. Kann der Stuhltunnel zum Beispiel auf einem Tisch stehen?

- Traut sich das Kind immer noch, vorwärts und rückwärts durchzukriechen?
- Und etwas mitzunehmen?

7. Holen Sie einen Ball. Das Kind soll den Ball durch den Tunnel am Boden rollen.
   - Was passiert, wenn der Ball am Tunneleingang liegt und der Tunnel (oder die Decke allein) hochgehoben wird?
   - Kann der Tunnel schräg aufgebaut werden, sodass der Ball durchrollt?

8. Nun soll das Kind sich hinstellen. Stülpen Sie ihm den Kriechtunnel über den Kopf.
   - Traut sich das Kind das?
   - Kann es nun laufen oder hüpfen?

Dazu ist es gut:

Ein dunkler Tunnel ist nicht jedermanns Sache. Es braucht Mut, um hindurchzukommen und Geschick, um sogar noch etwas mitzunehmen. Die Experimente mit dem Ball lassen das Kind die Gesetze der Physik erfahren.

1,2,3 - Hoch die Leiter!

So geht's:

1. Holen Sie eine Haushaltsleiter.
2. Nun darf das Kind auf die Leiter steigen. Erst einmal hinauf und hinunter.
   - Was sieht es oben?
   - An was kann es heranreichen?
   - Traut es sich überhaupt bis ganz nach oben?
   - Kann es auch vorwärts wieder herunterklettern?
3. Nun darf das Kind etwas mit auf die Leiter nehmen.
   Traut es sich das zu?
4. Gibt es andere Wege hinunter von der Leiter?
   - Zum Beispiel mit Springen?
   - Kann das Kind auf der anderen Seite hinunterklettern?
   - Was ist noch möglich?

Dazu ist es gut:

Es erfordert Mut, auf eine Leiter zu steigen, da sie sehr hoch ist, gerade für ein kleines Kind. Das Stufensteigen ist gut für die Beinmuskulatur und das Ausdenken weiterer Wege fördert die Kreativität.

Meine Klettertreppe

So geht's:

1. Bauen Sie mit dem Kind eine Treppe. Benutzen Sie dafür große und kleine Stühle, einen Tisch, Hocker oder auch stabile Kisten, je nachdem, was Sie da haben.
2. Lassen Sie nun das Kind die Treppe hinauf und hinunter klettern.
   - Kann es auch von Stufe zu Stufe hüpfen?
3. Vergrößern Sie nun die Abstände zwischen den einzelnen Treppenstufen.
   - Kann das Kind immer noch gut klettern und hüpfen?
   - Wie weit können die Abstände werden?
   - Kann das Kind eine Hockwende über die Stufen, also seitlich darüber springen, während die Hände auf der Stufe stützen?

Auf die Couch, fertig, los!

So geht's:

1. Dieses Spiel setzt voraus, dass das Kind auf der Couch springen und toben darf. Wenn nein, suchen Sie sich bitte ein anderes Spiel aus. Falls ja, dann lesen Sie weiter!
2. Zur Absicherung sollten Sie Ihren Couchtisch beiseite schieben und eine Matratze oder Decken vor die Couch legen.
3. Lassen Sie das Kind auf der Couch laufen.
   - Geht es auch rückwärts?
   - Wie schnell schafft es das Kind?

4. Nun darf das Kind hüpfen.
   - Kann es mit beiden Beinen kleine Sprünge machen?
   - Nun folgen große Sprünge. Wie weit kommt das Kind?
   - Kann das Kind über ein Kissen springen?
   - Schafft es, auch mehrere Kissen hintereinander zu überspringen?
   - Kann es die Kissen auch überspringen, wenn sie ohne Abstand hintereinander liegen?
   - Stapeln Sie Kissen übereinander. Wie hoch kann das Kind springen?
5. Jetzt spielt die Rückenlehne mit. Kann sich das Kind darauf legen und auf die Sitzfläche hinunterkullern?
6. Schafft es das Kind, auf der Couch einen Purzelbaum zu machen?
7. Kann das Kind vom Boden aus auf die Couch springen?
   - Schafft das Kind es auch mit Anlauf?
   - Auch mit geschlossenen Beinen aus dem Stand? Die Hände dürfen natürlich abstützen.

Dazu ist es gut:
Die Bewegung auf der wackeligen Couch trainiert das Gleichgewicht.
Dazu wird die Sprungkraft gefördert.

Tanz-Star

So geht's:

1. Wählen Sie gemeinsam mit dem Kind ein Lied aus.
2. Tanzen Sie zu dem Lied! Rennen und Hüpfen sind natürlich erlaubt.
   - Halten Sie das ganze Lied durch?

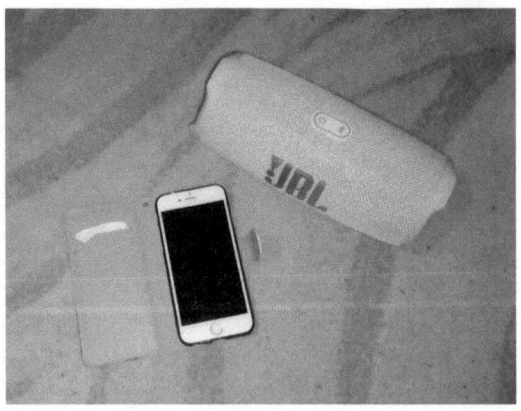

- Schaffen Sie noch ein Lied?
3. Verdunkeln Sie das Zimmer und schalten Sie zum Beispiel kleine LED-Lichter an. Nun macht das Tanzen gleich noch mehr Spaß.

Dazu ist es gut:
Dieses Spiel fördert das Rhythmusgefühl und die Musikalität. Dazu wird die Ausdauer trainiert.

Wilde Fahrt

So geht's:

1. Holen Sie ein Rutschauto oder einen Puppenwagen. Für später benötigen Sie noch andere Spielsachen.
2. Markieren Sie eine Start- und eine Ziellinie.
3. Auf „Los" geht es los. Das Kind soll mit dem Auto oder dem Wagen von der Start- zur Ziellinie fahren.

- Wie schnell klappt es?
- Geht es auch rückwärts?
- Kann das Fahrzeug gewechselt werden? Klappt es dann ebenso gut?
4. Jetzt wird es schwerer.
   - Das Kind soll im Slalom um Spielsachen herumfahren, um von dem Start zum Ziel zu kommen.
   - Nun ist ein Umweg um den Tisch erforderlich.
   - Oder das Kind soll um mehrere Spielsachen einen Kreis fahren, bevor es zum Ziel darf.
   - Klappt es auch rückwärts?
   - Was könnte noch funktionieren?

Dazu ist es gut:

Das Fahren mit dem Rutschauto trainiert die Beinmuskulatur, das Laufen mit dem Puppenwagen sowieso. Das Kind muss sich merken, was es nun tun soll, was sein Gedächtnis fördert. Dazu wird seine Koordination verbessert, denn Lenken auf engem Raum ist nicht so leicht.

Von Meerjungfrauen und Meermännern

So geht's:

1. Heute ist Ihre Couch ein Unterwasserschloss, Ihre Stühle sind ein Korallenriff und Ihr Wohnzimmer wird zum weiten Meer, in dem Meerjungfrauen und Meermänner wohnen.
2. Da das Kind noch nicht lange eine Meerjungfrau oder ein Meermann ist, muss es sich erst daran gewöhnen. Also: Beine fest zusammen als Schwanzflosse und dann
   - im Wechsel hinstellen, knien, setzen und legen,
   - nun seitlich rollen und dabei immer die Beine geschlossen halten.
3. Dann geht es durch das Reich der Meeresbewohner.

- Ein Besuch beim Korallenriff macht Spaß – kann das Kind unter allen Stühlen hindurchschwimmen, ohne die Beine zu öffnen?
- Kann das Kind auch über das Korallenriff wegschwimmen und dabei über die Stühle klettern, ohne seine Flosse zu verlieren?
- Nach dieser Anstrengung geht es zum Unterwasserschloss.

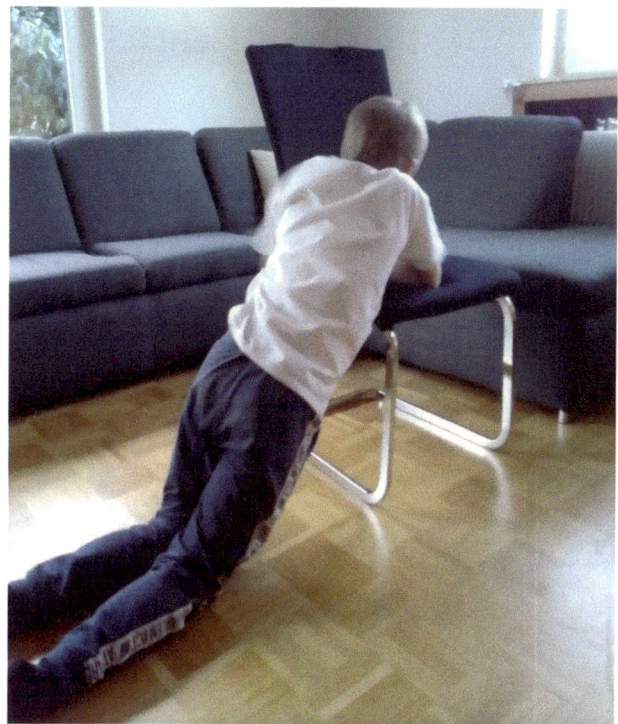

Hat das Kind die Couch erklettert, darf es sich ausruhen und vielleicht gibt es hier eine kleine Erfrischung ...

4. Eine Geschichte zu erleben, macht viel Spaß. Vielleicht hat der Meereskönig etwas am Korallenriff verloren, das das Kind nun wiederfinden muss (und das Sie dort vorher hingelegt haben, vielleicht unter einem Stuhlkissen versteckt).

Dazu ist es gut:

Gerade die Kraft im Mittelkörper, also Bauch und Rücken, wird hier trainiert, ebenso wie die Stützkraft in den Armen. Versuchen Sie es ruhig selbst einmal, es ist wirklich anstrengend, die Beine nur eingeschränkt benutzen zu können!

Klopapier mal anders

So geht's:

1. Sie brauchen für dieses Spiel mindestens eine Klopapierrolle mit allem drum und dran. Schon kann es losgehen.
2. Lassen Sie das Kind das Klopapier abrollen.
   - Wie lang ist es? Reicht es durch den ganzen Raum?
   - Kann das Kind über das abgerollte Klopapier steigen?
   - Und springen auch?
3. Halten Sie das Klopapier etwas höher.
   - Kann das Kind immer noch darüber springen?
   - Gelingt es besser, wenn das Kind unter dem Klopapier durchkriecht?
4. Halten Sie das Klopapier etwa auf Brusthöhe des Kindes.
   - Traut sich das Kind zu, mitten hindurch zu rennen?
   - Legen Sie das Klopapier um zwei Stühle herum, die etwas Abstand haben. Traut sich das Kind nun immer noch, mitten hindurchzugehen?

Vorsicht: Je mehr Lagen Sie benutzen, desto eher geben die Stühle nach und nicht das Papier! Sicherheitshalber sollte sich ein Erwachsener auf jeden Stuhl setzen, wenn das Kind durchlaufen möchte!

5. Kann das Kind das abgerollte Klopapier wieder aufrollen?
   - Wie weit und wie schnell geht das?
6. Nun soll sich das Kind gerade hinstellen. Umwickeln Sie es mit Klopapier! Nun ist es ein Schneemann oder eine Mumie.
   Ist das Wickeln fertig, wird das Klopapier aufgesprengt, indem das Kind sich bewegt.
   - Kann das Kind Sie ebenfalls umwickeln?
7. Umwickeln Sie das linke Bein des Kindes zusammen mit Ihrem rechten auf Kniehöhe. Nun haben Sie zusammen drei Beine.
   - Können Sie so laufen?
   - Oder sich drehen?
   Fällt jemand, reißt das Papier. Das Risiko von Verletzungen ist damit sehr gering.
8. Lassen Sie das Kind Klopapier in Stücke reißen.
   - Wollen Sie und das Kind sich damit abwerfen?
9. Legen Sie dem Kind ein Stück Klopapier auf den Kopf.
   - Bleibt es liegen, wenn es sich bewegt?
   - Und wenn das Kind tanzt oder springt?
   - Legen Sie das Klopapierstück nicht auf den Kopf, sondern auf die Arme. Klappt es nun besser?
10. Ist das Spiel mit dem Klopapier vorbei, bleiben lauter Fetzen übrig. Diese müssen aufgeräumt werden.
    - Spielen Sie weiter und fegen Sie sie zusammen.
    - Packen Sie sie auf einen Spiellaster, in einen Korb oder in einen Puppenwagen und lassen Sie das Kind die Überreste zum Mülleimer transportieren.

Dazu ist es gut:
Das Feingefühl des Kindes, seine Kreativität und seine Körperbeherrschung werden hier spielend trainiert.

Inhouse-Foto-Rallye

So geht's:

1. Machen Sie mit Ihrem Smartphone Fotos von verschiedenen Dingen im Haus oder der Wohnung. Das Kind sollte nicht dabei sein! Je nach Alter des Kindes können Sie auch nur Ausschnitte von Dingen fotografieren, dann ist es schwerer.

2. Nun zeigen Sie dem Kind das erste Foto. Es soll den Gegenstand herholen. Dann kommt das zweite Foto und so weiter.
   - Hat das Kind alles gefunden?
   - Wie schnell war es?

   Möchten Sie nicht, dass das Kind die Dinge mitnimmt, soll es sie nur finden. Oder Sie können bei jedem Gegenstand ein Puzzleteil oder einen Aufkleber hinlegen. Das Kind soll nur diese Dinge mitnehmen und daraus das Puzzle zusammensetzen oder ein Bild kleben.

Dazu ist es gut:

Das Gehirn des Kindes wird trainiert, denn es muss die Gegenstände erkennen und im Raum finden. Dazu sind Schnelligkeit und Ausdauer gefragt, denn das Kind muss zu allen Gegenständen hin und wieder zurück zum Ausgangspunkt laufen.

Feuerwehreinsatz!

So geht's:

1. Bauen Sie einen Parcours auf, der folgende Stationen enthält:
   - Eine Feuerwehrzentrale (das kann ein Spielhaus oder der Tisch sein),
   - falls vorhanden einen Ausrüstungsplatz mit einem Feuerwehrkostüm.
   - Neben die Zentrale kommt das Feuerwehrauto (ein Rutschauto, ein Laster oder ein kleineres Feuerwehrauto).
   - Sie brauchen einen Weg (vielleicht um einen Stuhl herum oder unter einem Tisch durch)
   - und schließlich brauchen Sie eine Haushaltsleiter oder eine andere Möglichkeit zum Hinaufklettern, einen Hocker oder einen großen Stuhl vielleicht.

2. Jetzt kann es losgehen. Die Feuerwehrleute sind in der Zentrale, als der Notruf eingeht.
   - Sie ziehen sich an und los geht es in die Fahrzeughalle.
   - Rein in das Auto und ab geht die Fahrt zum Brandherd.
   - Nun rauf auf die Leiter und löschen!
   - Wie schnell war die Feuerwehr?
   Wenn Sie Ihrem Kind das zutrauen, zünden Sie mit ihm ein echtes Feuer in Form einer Kerze an, das es auspusten und damit löschen muss.

Dazu ist es gut:
Das Spiel trainiert vor allem Koordination und Schnelligkeit. Dazu bietet es einen guten Anlass, um über Brandschutz, Feuer und die Wichtigkeit der Feuerwehr zu sprechen.

Ballett-Show

So geht's:

1. Lassen Sie das Kind sich als Tänzer oder Tänzerin verkleiden.
2. Starten Sie klassische Musik oder ein Lied, das dem Kind gefällt. Zu der Musik soll das Kind Ballett tanzen. Wichtig dabei sind eine kerzengerade Körperhaltung und eine elegante Armführung. Vieles wird auf den Zehenspitzen gemacht.
3. Das Kind soll gerade stehen und die Arme bewegen.
   - Zunächst mit geschlossenen Füßen,
   - dann in der Schrittstellung,
   - nun auf den Zehenspitzen (Ballenstand)
   - und schließlich mit gebeugten Knien, die Beine bilden dabei ein O.
4. Das Kind soll nun immer noch stehend
   - ein Bein gestreckt hochheben, dann das andere.
   - Dann darf es die Beine nacheinander gebeugt anheben.

5. Dann ist die Rumpfbeuge dran. Dazu den Oberkörper nach vorne und danach leicht nach hinten beugen. Dabei besonders auf die Arme achten. Es soll sehr elegant sein.

6. Es folgt die Drehung auf einem Bein.
   - Wie weit kann das Kind sich drehen?
   - Fällt es dabei um oder bleibt es der elegante Tänzer?
7. Natürlich gibt es auch Sprünge.
   - Mit einem Bein einen Schritt machen, das hintere Bein ran setzen und das vordere weiterbewegen (Nachstellschritt).
   - Der Pferdchensprung, dabei die Arme natürlich schön mitnehmen.
   - Mit beiden Beinen zum Strecksprung abspringen und wieder landen.
   - Während des Strecksprungs umdrehen.
   - Mit einem Bein springen und wie bei einem großen Schritt auf dem anderen landen (Schrittsprung).

Dazu ist es gut:
Da das Kind das ganze Lied mit Bewegung füllen muss, fördert dieses Spiel seine Ausdauer und seine Kreativität. Bleibt es dabei immer kerzengerade und bewahrt Haltung, trainiert es seine Körperspannung und die Haltemuskulatur.

Lustige Baumeister

So geht's:

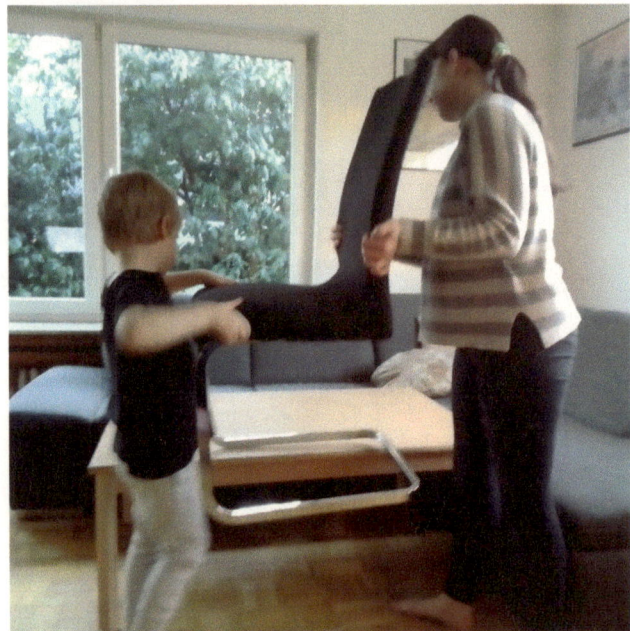

1. Holen Sie Dinge, die man verbauen kann. Einen Tisch, Stühle, saubere Bretter ohne Splitter, vielleicht große Bausteine, leere Getränkekisten und Kästen.
   - Was haben Sie da?
   - Was darf benutzt werden?

Achten Sie dabei natürlich besonders auf Sicherheit.
Unter Umständen müssen Sie mit Matratzen oder Kissen absichern.
Auf jeden Fall darf das Kind dieses Spiel nicht alleine spielen.

2. Jetzt geht es los. Stapeln Sie nach den Wünschen des Kindes mit ihm zusammen Dinge übereinander.
   - Wie groß wird der Turm?
   - Brauchen Sie sogar eine Leiter, um an die Spitze zu kommen?
   - Kann der Turm erklettert werden?
3. Was können Sie noch bauen? Eine Brücke, eine Burg oder ein Gebirge, wo das Kind klettern und spielen kann?

Dazu ist es gut:
Das Spiel fördert die Kreativität und die Geschicklichkeit und lässt das Kind viele verschiedene Materialien erfahren.

Starke Stühle

So geht's:

1. Stellen Sie zwei Stühle mit den Sitzflächen so zueinander auf, dass das Kind dazwischen stehen kann.
2. Nun soll das Kind zwischen die Stühle treten, sich mit den Händen auf den Sitzflächen abstützen und die Beine hochheben.
   - Wie lange kann es das halten?
   - Wie hoch kann es die Füße heben?
   - Wie oft kann es die Füße hochheben?
   - Kann es so einen Luftballon wegtreten, den Sie ihm hinhalten?
3. Stellen Sie nun die Stühle so mit etwas Abstand nebeneinander, dass ihre Lehnen auf der gleichen Seite sind.
   - Kann sich das Kind auf die Sitzflächen legen, sodass es eine Brücke mit seinem Körper baut?
   - Schieben Sie die Stühle weiter auseinander. Wie weit kann das Kind die Brücke halten?

Dazu ist es gut:

Diese Übung trainiert die Stützkraft und damit die Arm- und Schultermuskulatur. Durch das Heben der Füße und die Brücke kommen noch die Beine sowie Bauch und Hüftmuskulatur hinzu. Auch das Gleichgewicht wird gefördert, da das Kind seinen Körper beim Stützen ausbalancieren muss.

Hoch hinaus

So geht's:

1. Suchen Sie sich einen stabilen Stock, etwa einen Besenstiel. Haben Sie keinen zweiten Erwachsenen da, der den Stiel halten kann, gehen Sie vor ein Regal oder holen Sie die Haushaltsleiter zur Hilfe.
2. Nun legen Sie den Stiel auf ein Regal oder die Haushaltsleiter oder sie fassen ihn mit Ihrem Helfer zusammen an.
3. Das Kind soll sich an den Stiel hängen. Die Helfer sollten möglichst nah am Kind fassen, sodass der Stiel nicht bricht.
   - Wie lange kann das Kind das halten?
   - Können die Erwachsenen das Kind noch höher heben?
   - Kann das Kind die Beine gerade vor dem Körper anheben?
   - Schafft es einen Klimmzug?
   - Kann es abwechselnd mit rechts und mit links eine Hand loslassen und wieder den Stiel fassen?
4. Sind zwei Helfer da, können Sie das Kind schwingen lassen.
   - Wie gut können Sie es halten?
   - Wie lange schafft es das Kind?

5. Um eine Pause zwischen den Hängepartien zu schaffen oder um mehr Spaß zu haben, können Sie dem Kind weitere Aufgaben geben.
   - Lassen Sie das Kind unter dem Besenstiel durchrennen oder durchkriechen. Variieren Sie dabei die Höhe.

- Das Kind soll über den Stiel hüpfen.
6. Zum Abschluss darf sich das Kind auf den Besenstiel setzen und Sie und Ihr Helfer heben es hoch.
    - Wie hoch traut es sich?
    - Wie hoch schaffen Sie es?

Dazu ist es gut:

Dies ist eine sehr gute Übung, um Griffkraft zu bekommen. Das Hangeln fällt so viel leichter, ebenso wie Turnübungen am Reck. Auch die Erwachsenen kommen dabei nicht zu kurz.

Auf dem Jahrmarkt

So geht's:

1. Überlegen Sie, welche Stationen Ihnen bei einem Jahrmarkt am besten gefallen und wie Sie diese zu Hause umsetzen können. Zum Beispiel:
    - Dosenwerfen: Sie stellen Plastikbecher auf, die mit einem Softball umgeworfen werden sollen.
    - Lose: Sie fertigen Lose an, auf denen jeweils eine Bewegungsaufgabe steht, wie 5x

hüpfen, 1x zur Tür und zurück rennen und so weiter. Nieten sind natürlich Pausen.
- Karussell: Auf einen Drehstuhl setzen und sich drehen lassen.
- Autoscooter: Rutschauto fahren, eventuell mit Hindernissen.
2. Nun darf das Kind den Jahrmarkt besuchen.
- Was klappt am besten?
- Welche Station ist am schönsten?
- Wer kann es besser, Kind oder Erwachsener?

Dazu ist es gut:

Das Dosenwerfen trainiert die Geschicklichkeit und die Auge-Hand-Koordination. Die Lose fördern die Ausdauer und die verschiedenen Muskelgruppen, die für die Übungen gebraucht werden. Das Drehen auf dem Drehstuhl trainiert Rotationsbewegungen und das Autoscooterfahren fördert Geschicklichkeit und Schnelligkeit.
Darf sich das Kind ebenfalls Stationen ausdenken, fördert dies seine Kreativität.

Ninjaparcours

So geht's:

1. Bauen Sie einen kleinen Ninja-Parcours zu Hause. Es gibt mehrere Elemente, die vorhanden sein können:
   -Springen. Zum Beispiel von Fliese zu Fliese auf dem Boden, von Markierung zu Markierung oder von Stuhl zu Stuhl.

Vorsicht: Stühle kippen, also stellen Sie diese nicht zu weit auseinander!

- Balancieren. Zum Beispiel über einen Kissenweg, über ein Seil, das auf dem Boden liegt, oder über eine eingerollte Decke auf dem Boden oder über ein Brett, das auf zwei Stühlen liegt.
- Klettern. Unter und über Stühle oder Tische. Profis können den Türrahmen hoch- und hinunterklettern.

- Hangeln. Zum Beispiel an einem Besenstiel wie in der Übung „Hoch hinaus" oder an einer Klimmzugstange, falls vorhanden. Hier soll das Kind hin und her hangeln und, wenn es das gut schafft, sich dabei umdrehen.
  Es kann auch unter einem Stuhl oder einer Sitzbank liegend die Sitzfläche fassen und daran entlang hangeln. Stellt es dabei die Füße auf den Boden, wird es leichter. Stellen Sie mehrere Stühle hintereinander, ist die Hangelstrecke verlängerbar.
- Buzzern. Am Ende des Parcours sollte ein Buzzer oder eine Fahrradklingel stehen. Ein Handy ist natürlich auch eine Möglichkeit. Durch das Tonsignal ist klar: Ich habe es geschafft!
2. Hat das Kind eine Ninja-Verkleidung, darf es diese natürlich gerne dazu anziehen.
3. Los geht's durch den Parcours.
   - Wie schnell war das Kind?
   - Welcher Teil des Parcours war am schönsten?

Dazu ist es gut:
Dieser Parcours fordert den gesamten Körper, was Balance, Körperbeherrschung und Kraft angeht.

Seilakrobatik

So geht's:

1. Holen Sie ein Springseil und legen Sie es lang auf den Boden. Haben Sie keines zur Hand, rollen Sie eine Decke der Länge nach ein und verwenden diese.
2. Nun soll das Kind von der Seite aus über das liegende Seil hüpfen.
   - Klappt es vorwärts, seitwärts und rückwärts?
   - Kann das Kind dabei die Beine möglichst lang lassen oder die Beine dabei grätschen (öffnen und schließen) und trotzdem richtig landen?

   - Funktioniert es auch so, dass das Kind sich bei dem Sprung über das Seil umdreht?
3. Jetzt geht es ans Balancieren.
   - Erst vorwärts über das Seil laufen, dann rückwärts.
   - Kann das Kind das Seil entlang hüpfen, ohne „herunterzufallen"?
   - Nun soll das Kind bei jedem Schritt das Bein so hoch heben, wie es geht.

- Ist es möglich, dass das Kind beim Laufen klatscht?
- Oder dass es abwechselnd klatscht und sich auf die Oberschenkel schlägt?
- Klappt es, dass das Kind ein Säckchen oder Kissen beim Laufen auf dem Kopf balanciert?
- Kann das Kind während des Laufens mit den Armen wedeln?
4. Heben Sie das Seil an – entweder zu zweit oder sie binden ein Ende fest.
    - Kann das Kind darüberspringen? Wie hoch schafft es das?
    - Kann es unter dem Seil durchkriechen, ohne das Seil zu berühren? Wie tief gelingt es?
    - Kann das Kind schon richtig Seilspringen?

Dazu ist es gut:

Die Übungen fördern die Sprungkraft und die Balance, denn gerade durch die verschiedenen Aktionen, die zusätzlich zum Balancieren erfolgen, ist es umso schwerer, das Gleichgewicht zu halten.

Sankt Martin

So geht's:

1. Holen Sie Stöcke oder Spiel-Schwerter, ein Spielpferd oder zwei Stühle mit einer Decke, einen Snack wie ein Stück Brot und eine Laterne oder ein LED-Licht.
2. Erzählen Sie die Geschichte von Sankt Martin. Er ist ein einfacher Soldat, als er an einem kalten Abend einen Bettler findet. Dieser droht zu erfrieren, doch Martin teilt seinen Mantel mit dem Schwert und gibt ihm eine Hälfte, ebenso wie ein Stück von seinem Brot.
3. Nun spielen Sie die Geschichte mit Bewegung nach. Martin war Soldat, also ist der Schwertkampf dran. Wichtig dabei ist, dass die Waffe

immer kontrolliert wird und nicht einfach wild geschwungen wird. Sie soll nur vor dem Körper geführt werden – das ist gar nicht so leicht.

- Das Schwert wird von links oben nach rechts unten und anders herum geführt.
- Nun auf eine Seite drehen und dort zuschlagen, dann zur anderen Seite drehen und kämpfen.
- Das gleiche noch einmal, aber im tiefen Hockstand. Klappt es so auch?
- Kann Martin auch auf einem Stuhl stehend so kämpfen?
- Wie schnell kann er alle drei Ebenen (Stuhl, auf dem Boden stehen, Hocke) hintereinander abdecken?

4. Jetzt kommt das Reiten, denn Martin war zu Pferd unterwegs. Dazu soll sich das Kind auf das Spiel-Pferd setzen oder Sie stellen die beiden Stühle Sitzfläche an Sitzfläche auf, die Lehnen zeigen nach außen und Sie legen die Decke darüber. Das ist Ihr Pferd.
- Zunächst wird nur einfach im Sitzen geritten.

- Nun reitet das Kind im Stehen.
- Klappt es auch auf einem Bein?
- Wie oft kann sich das Kind hinstellen und wieder setzen? 10 mal?

5. Da Sankt Martin seinen Mantel und sein Brot geteilt hat, darf das Kind nun mit Ihnen seinen Snack teilen und etwas Pause machen.

6. Zum Gedenken an Sankt Martin werden jedes Jahr Laternenumzüge veranstaltet. Also machen Sie es dunkel bei sich und laufen Sie mit der Laterne in der Wohnung herum.

- Kann das Kind dabei über sein Pferd klettern?
- Oder sogar darüber springen?
- Kann es mit der Laterne unter dem Tisch durch klettern?
- Wie sieht das Licht aus, wenn sich das Kind dreht?
- Hat das Kind noch andere Ideen, was es mit der Laterne tun kann?

Dazu ist es gut:
Das Kind erlebt die Geschichte von Sankt Martin auf eine besondere
Weise, die seine Koordination und seine Balance fördert. Der Abschluss
im Dunkeln ist noch ein zusätzliches Highlight, bei dem die Kreativität
des Kindes gefragt ist.

Das schwebende Brett

So geht's:

1. Sie brauchen dazu auf jeden Fall ein stabiles Brett von mindestens 10
   cm Breite. Zu lang sollte es nicht sein, damit es nicht so leicht bricht
   und gut handhabbar ist, auch für das Kind.
2. Legen Sie das Brett auf zwei Stühle, sodass es fest liegt, ohne zu
   kippen.
   - Nun kann das Kind hinaufklettern und das Brett entlang balancieren.
   - Geht es nicht nur vorwärts, sondern auch rückwärts?
   - Darf die Puppe mit dem Kind zusammen über das Brett laufen?
   - Geht das auch rückwärts?
   - Kann das Kind beim Balancieren etwas auf seinem Kopf oder seinem
     Arm tragen?
   - Kann das Kind das Brett entlang hüpfen?
   - Gelingt es dem Kind, sich auf dem schwebenden Brett hinzusetzen
     und wieder aufzustehen?
   - Was funktioniert noch?
3. Legen Sie das Brett so über einen festen Punkt, dass es eine Wippe
   ergibt. Sie können dafür eine oder zwei eingerollte Decken benutzen.
   Überlegen Sie, ob Sie noch etwas Besseres haben.

- Nun soll das Kind über die Wippe gehen.
- Kann es das auch rückwärts?
- Braucht es eine helfende Hand oder geht es auch alleine?
- Kann es etwas auf seinem Kopf oder Arm balancieren?
- Kann es in der Mitte der Wippe stehen bleiben und das Brett selbst hin und her kippen?
- Kann es von der Seite auf diese Mitte aufspringen und stabil stehen?
4. Nun darf das Kind sich neben die Wippe setzen und zwei seiner Spielzeuge wippen lassen.
    - Schafft es das gut?
    - Gelingt es dem Kind, einen Ball über die Wippe rollen zu lassen?
    - Kann es ihn auch wieder zurückholen, bevor der Ball auf der einen Seite herunterfällt?

Dazu ist es gut:
Das schwebende Brett trainiert das Gleichgewicht und die Kreativität. Durch das Wippenlassen wird die Auge-Hand-Koordination gefördert.

Bodenturnen

So geht's:

1. Legen Sie eine Gymnastik- oder Isomatte aus. Sie können ebenso einen Teppich benutzen. Dies ist Ihre Bodenbahn.
2. Zunächst soll sich das Kind erwärmen.
   - Dazu soll es vorwärts über die Bodenbahn laufen, dann rückwärts.
   - Nun folgt das Hüpfen, am besten mit geschlossenen Beinen.
   - Klappt schon ein Seitgalopp?
   - Oder ein Hopserlauf?
3. Nun wird geturnt. Zuerst der (Strampel-) Handstand. Dazu soll das Kind in die Hocke gehen und die Hände vor sich auf den Boden legen. Dann soll es die Füße in die Luft bringen. Die Füße springen und zappeln, aber die Hände bleiben unten.

Vorsicht: Bei zu viel Schwung kippt das Kind über. Sie können ihm helfen, indem Sie es mit einer Hand unter seiner Schulter stützen, sodass es nicht auf den Kopf fallen kann, sollte ein Arm einknicken.

- Klappt das gut, können Sie das Kind an den Oberschenkeln oder der Hüfte mit beiden Händen halten (wie auf dem Bild). So kann es nicht kippen und die Füße bis zur Decke strecken. Auf diese Art macht es schon einen richtigen Handstand.

4. Jetzt kommt das Rad. Das Kind soll die Hände seitlich auf den Boden setzen. Markierungen können dabei helfen. Nun springt ein Fuß an den Händen vorbei, der andere folgt nach.
   - Wenn das richtig gut klappt, kann das Kind das Rad aus dem Stand versuchen.

5. Nun ist die Rolle oder der Purzelbaum dran. Dazu brauchen Sie einen Stuhl oder eine andere Erhöhung. Hier soll das Kind sich mit dem Bauch darauflegen. Die Hände streckt es auf die Matte. Dann wird der Kopf eingerollt, der Körper und die Füße rollen mit, bis das Kind ganz auf dem Boden angekommen ist. Es liegt nun auf dem Rücken und soll über das Sitzen wieder aufstehen.
   Helfen Sie dem Kind, indem Sie dafür sorgen, dass es nicht auf seinen Kopf fällt. Dazu stützen Sie es unter seiner Schulter. Führen Sie mit der anderen Hand seine Beine mit.
   - Ist das Rollen klar, soll sich das Kind vor die Bodenbahn stellen, die Hände werden auf die Matte gelegt, die Beine sind möglichst gerade. Nun soll das Kind auf seine Knie schauen, dadurch wird der Rücken rund und das Kind kann gut abrollen.
   Sie können ihm helfen, indem Sie seine Beine unterstützen und mit einer Hand den Kopf leicht in die Rundung führen.

Vorsicht: Sind die Beine geknickt, können die Knie beim Rollen ins Gesicht schlagen.

6. Fallen Ihnen noch mehr Dinge ein?

Dazu ist es gut:
Der Handstand und das Rad fördern die Körperbeherrschung und vor allem die Stützkraft. Diese wird auch beim Rollen gebraucht, dazu wird das Gefühl für die eigene Position im Raum gestärkt.

Achtung! Akrobaten!

So geht's:

1. Am besten ist es, wenn Sie hierbei Hilfe von einem zweiten Erwachsenen oder einem größeren Kind haben. Sie brauchen einen Teppich, eine Gymnastikmatte oder eine Isomatte. Ein Stuhl sollte in der Nähe sein. Wenn das Kind es mag, holen Sie auch ein Kuscheltier, eine Puppe oder eine Actionfigur dazu, sie können ebenfalls mitmachen.
2. Erst sollten Sie sich ein wenig aufwärmen, also laufen Sie ein paar Runden durch die Wohnung.
3. Jetzt geht es los mit Akrobatik.
   - Viererpyramide. Als erstes gehen Sie auf alle Viere. Das Kind soll sich ebenfalls auf allen Vieren auf Sie knien. Seine Hände ruhen auf Ihren Schultern, seine Knie auf Ihrer Hüfte. Ein Helfer bei der Positionierung ist gut. Dann kann das Kuscheltier noch oben drauf gesetzt werden.
   - Stehende Pyramide. Der Erwachsene ist wieder auf allen Vieren. Das Kind stellt sich nun auf seine Hüfte.
   - Balance. Der Erwachsene setzt sich auf einen Stuhl. Nun stellt sich das Kind auf seine Oberschenkel. Beide fassen mit beiden Händen die Handgelenke des anderen. Nun muss das Kind die Beine ganz gerade

machen und der Erwachsene steht ein wenig auf. Beide müssen sich ausbalancieren, denn keiner steht mehr aufrecht, sondern jeder lehnt sich etwas zurück. Danach setzt sich der Erwachsene wieder.

- Flieger. Der Erwachsene legt sich auf den Rücken, die Füße aufgestellt, die Beine gebeugt. Nun geht das Kind vor die Beine, sodass es den Erwachsenen ansehen kann, und fasst die Hände des Erwachsenen. Dieser hebt das Kind mit den Beinen hoch. Ist das Kind klein, dann hebt er mit seinen Unterschenkeln. Ist das Kind schon größer, stellt der Erwachsene seine Füße seitlich an die Hüfte des Kindes, ein Fuß rechts, der andere links. Das Kind muss sich nun ganz gerade halten. Beide können sich ansehen.
- Freier Flieger. Sie nehmen die Fliegerposition ein. Dann lassen Sie die Hände los.

Vorsicht: Immer gut das Gleichgewicht halten!

- Profi-Flieger. Sie gehen wieder in die Fliegerposition. Aber: Das Kind steht mit dem Rücken zu dem liegenden Erwachsenen. Wird es nun hochgehoben, sieht es nicht das Gesicht des Erwachsenen.

Vorsicht: Sie müssen das Kind an den Oberarmen oder um die Brust fassen, sonst könnten Sie ihm die Schultern auskugeln!

- Abgang aus dem Flieger. Sie gehen wieder in die normale Fliegerposition. Lassen Sie die Hände los und der Erwachsene fasst die Hüften des Kindes. Nun wird das Kind mit Unterstützung des Helfers über den Kopf des liegenden Erwachsenen gekippt, sodass es dort einen Purzelbaum machen kann. Der Helfer sollte dabei vor allem auf die Schulter und die Beine des Kindes aufpassen. Es darf nicht auf den Kopf stürzen und nicht seitlich abrutschen.
- Abgang aus dem Profi-Flieger. Sie gehen in die Profi-Fliegerposition. Fassen Sie das Kind an der Hüfte und kippen Sie es über Ihren Kopf nach hinten ab. Der Helfer unterstützt an der Schulter des Kindes, sodass es nicht auf den Kopf fällt und gibt acht, dass es nicht zur Seite abrutscht. Das Kind wird so in den Handstand geführt und kann aus dieser Position mit beiden Füßen auf den Boden gehen.

4. Ist das Kind sicher im Bau von Menschenpyramiden, kann auch der Helfer mitmachen.
   - Stand-Pyramide. Beide Erwachsene stellen sich nebeneinander, die Beine breit und leicht gebeugt. Das Kind stellt sich auf je einen Oberschenkel von jedem Erwachsenen in deren Mitte.
   Kann das Kind nun die Arme heben, während es die Erwachsenen stützen?
   - 3 x Viererpyramide. Beide Erwachsene knien sich nebeneinander auf alle Viere, sodass ihre Oberkörper nebeneinander sind. Am besten setzen Sie jeweils eine Hand zu dem Partner, sodass zwei Arme gekreuzt sind. Auf diese Weise knien Sie näher zusammen. Nun kann das Kind sich wie bei der Viererpyramide auf beide Erwachsene knien. Die Hände des Kindes ruhen auf den Schultern der Erwachsenen, die Knie auf den Hüften, eines rechts, eines links auf je einem Erwachsenen.
   - Stehende Pyramide zu dritt. Nun gehen beide Erwachsene auf alle Viere und zwar Po an Po, sodass die Köpfe voneinander weg zeigen. Dann stellt sich das Kind breitbeinig auf beide Hüften.

Dazu ist es gut:

Pyramiden trainieren die Körperbeherrschung und die Balance.
Außerdem erschaffen Kind und Erwachsener etwas gemeinsam, was eine sehr wertvolle Erfahrung ist.

In der Ruhe liegt neue Kraft

Barfußpfad à la maison

So geht's:

1. Bauen Sie mit dem Kind einen Barfußpfad im Wohnzimmer oder im Flur. Dafür können Sie viele unterschiedliche, niedrige Materialien verwenden wie zum Beispiel
   - einen kleinen Hocker,
   - ein Kissen,
   - eine Bausteinplatte oder Holz- beziehungsweise Softplastik-Bausteine oder
   - ein Balance- oder Trainingskissen.
   - Legen Sie Watte auf den Boden oder Füllmaterial von der letzten Warensendung.
   - Überlegen Sie, was Sie benutzen könnten, und probieren Sie es mit dem Kind aus.
   - Schön ist, eine flache Schale mit warmem Wasser zu füllen, durch die man gehen kann. Gleich danach sollte ein Handtuch liegen, sodass die Füße wieder trocken werden.
2. Ist der Pfad fertig, wird ausprobiert.
   - Wie fühlen sich die einzelnen Dinge unter den nackten Füßen an?
   - Kann das Kind auch schnell oder nur langsam gehen?

- Gelingt es mit Augen zu (und vielleicht einer führenden Hand)?

Wichtig: Ist etwas unbequem, wird es ersetzt oder aus dem Pfad entfernt.

3. Erweitern Sie doch den Pfad durch das ganze Haus/die ganze Wohnung.
   - Wie fühlen sich die unterschiedlichen Bodenbeläge an?

Dazu ist es gut:

Das Kind erfährt, wie sich verschiedene Materialien anfühlen – und zwar mit den Füßen. Da die Füße jeden Tag wichtige Arbeit leisten, tut es ihnen gut, einmal die Hauptrolle zu spielen. Das Kind bekommt dadurch ein viel besseres Körpergefühl und eine bessere Materialkenntnis.

Formen, Tiere, Bilder

So geht's:

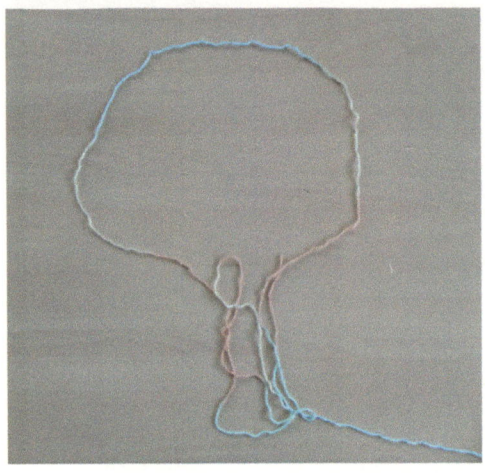

1. Holen Sie ein Wollknäuel.
2. Lassen Sie das Kind das Wollknäuel (teilweise) abrollen.
   - Dann legen Sie gemeinsam auf dem Boden Formen, zum Beispiel ein Viereck, einen Kreis oder eine Raute.
   - Können Sie beide auch Bilder legen?
   - Kann das Kind ein Teil des Bildes sein und sich zum Beispiel in ein Haus, eine Rakete oder ein Auto setzen?
   - Können Sie auch Tiere gemeinsam legen?
   - Was können Sie beide noch legen?

Dazu ist es gut:

Dieses Spiel fördert die Kreativität und die Feinmotorik. Da es nicht so leicht ist, mit einem Faden Bilder zu legen, ist es auch eine gute Übung für Frustrationstoleranz. Durch das Benennen der Formen wird die Sprachfähigkeit besonders der Kleinen gefördert.

Viele, viele Luftballons

So geht's:

1. Pusten Sie ein paar Luftballons auf. Schön ist es, wenn das Kind sich die Farben aussuchen darf.

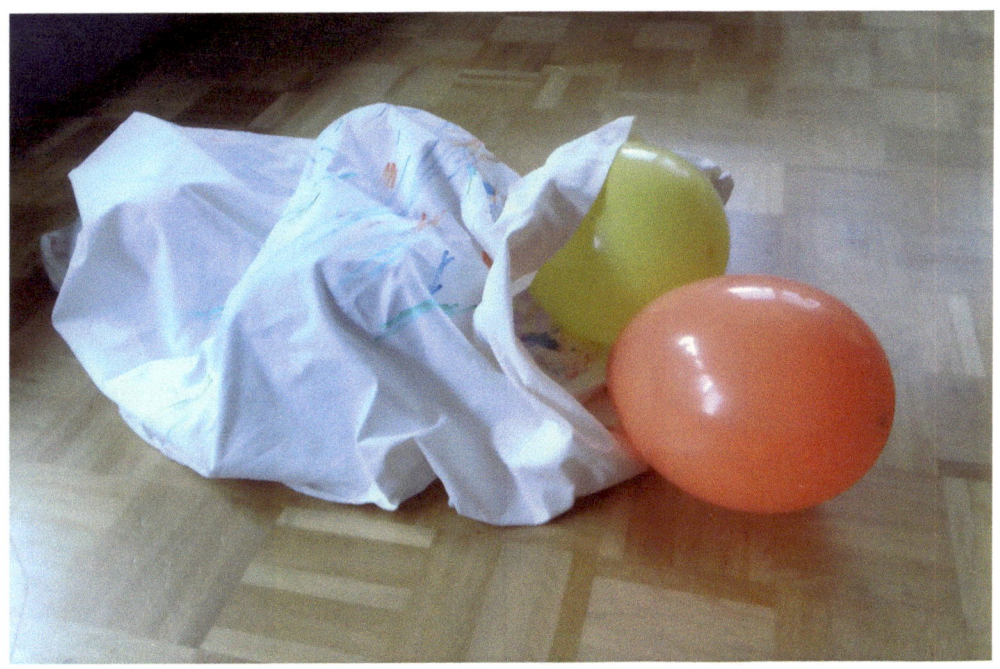

2. Stecken Sie die Luftballons zusammen mit dem Kind in einen kleinen Bettdeckenbezug.
   - Klappt es gut?
3. Nun können Sie die Luftballons herausschütteln.
   - Wie gut klappt es?
   - Kommen alle heraus?
4. Lassen Sie das Kind auf den gefüllten Bettbezug springen oder sich darauf legen. Selbst Erwachsene können sich auf den Bezug legen, das halten die Luftballons aus. So haben Sie ein schönes Sofa.

Dazu ist es gut:

Hier wird mit Spaß die Auge-Hand-Koordination geschult, indem die Ballons gefangen und in den Bezug getan werden müssen.
Die Benutzung des Ballon-Sofas ist mit ein wenig Mut verbunden und durch den wackeligen Untergrund wird das Körpergefühl und die Körperwahrnehmung gefördert.

Klopf, klopf!

So geht's:

1. Das Kind soll sich setzen, stellen oder legen, ganz so wie es das mag.
2. Nun beginnen Sie damit, den Kopf des Kindes sanft mit den Fingerspitzen zu beklopfen. Dann folgen die Arme, der Bauch oder der Rücken und natürlich die Beine bis hin zu den Füßen. Lassen Sie sich Zeit, sodass das Kind dem nachspüren und genießen kann.
3. Jetzt darf das Kind Ihnen oder einem Kuscheltier eine Klopfmassage schenken.

Aber Vorsicht: nur ganz sanft!

Dazu ist es gut:
Das Spiel fördert die Wahrnehmung, da dem Klopfen nachgespürt wird. Es lässt das Kind entspannen und zur Ruhe kommen. Dazu lernt es, selbst sanft zu anderen zu sein.

Haben Sie ein sehr empfindsames Kind, kitzelt die Massage vielleicht, sodass es nicht entspannen kann. Das ist halb so schlimm, denn auch Lachen ist gesund.

Klanggeschichte

So geht's:

1. Suchen Sie sich mit dem Kind eine Geschichte und kleine Instrumente aus.
2. Legen Sie fest, welches Instrument gespielt werden soll, wenn eine bestimmte Figur erwähnt wird. Zum Beispiel bei der Geschichte von Rotkäppchen:
   - Rotkäppchen: Das Glockenspiel darf spielen.
   - Der böse Wolf: Alle Instrumente dürfen spielen.
   - Die Großmutter: Eine Rassel oder Glocke wird gespielt.
   - Der Jäger: Die Trommel (auch aus einem Topf und einem Kochlöffel) ist dran.
3. Lesen Sie nun die Geschichte vor. Immer dann, wenn eine der festgelegten Personen genannt wird, muss das zugehörige Instrument gespielt werden.

Dazu ist es gut:

Hier werden vor allem Konzentration und Geduld gefördert. Das Kind muss warten, bis das Instrument drankommt, und es muss sich merken, welches Instrument überhaupt an der Reihe ist.

Domino-Mensch

So geht's:

1. Holen Sie Dominosteine aus Holz oder Plastik beziehungsweise etwas anderes, das ähnlich schwer ist.
2. Das Kind soll sich ruhig hinlegen.
3. Nun legen Sie die Dominosteine auf seine Beine, Arme, seinen Bauch oder Rücken und wohin es das möchte.
   - Kann es die Steine fühlen?
   - Spürt es, wo sie gerade einen Stein hingelegt haben, ohne hinzusehen?
   - Wie viele Steine kann es auf sich balancieren?
   - Traut es sich, die Augen zu schließen und auch dort Dominosteine hingelegt zu bekommen?
4. Ist alles fertig, kommt der Vulkanausbruch: Das Kind darf aufstehen, sodass alle Steine herunterfallen.

Kekse backen

So geht's:

1. Machen Sie es dem Kind bequem, auf dem Teppich, einer Decke oder dem Sofa.
2. Das Kind legt sich auf den Bauch und der Erwachsene backt auf seinem Rücken Kekse und massiert es dabei.
   - Zuerst kommt das Mehl, das wird über den Rücken gestreut, schön leicht.
   - Dann kommt ein wenig Backpulver, das wird mit dem Mehl vermischt und der Kinderrücken dabei leicht geknetet.
   - Es folgen ein Ei und Butterstücke, die etwas fester aufgedrückt werden.
   - Honig darf nicht fehlen, er fließt langsam und schwer über den Rücken.
   - Je nach Lieblingsgeschmacksrichtung des Kindes braucht es nun noch Vanille, Kakao oder gemahlene Nüsse, die natürlich ebenfalls über den Rücken gestrichen werden.
   - Nun kommt das Kneten.
   - Dann muss der Teig ausgerollt werden, also streicht der Erwachsene quer über den Kinderrücken.
   - Danach werden die Kekse ausgestochen, mit den Fingern wird es simuliert.
   - Die Kekse werden dann gebacken. Legen Sie sich über den Kinderrücken und halten Sie ihn warm.

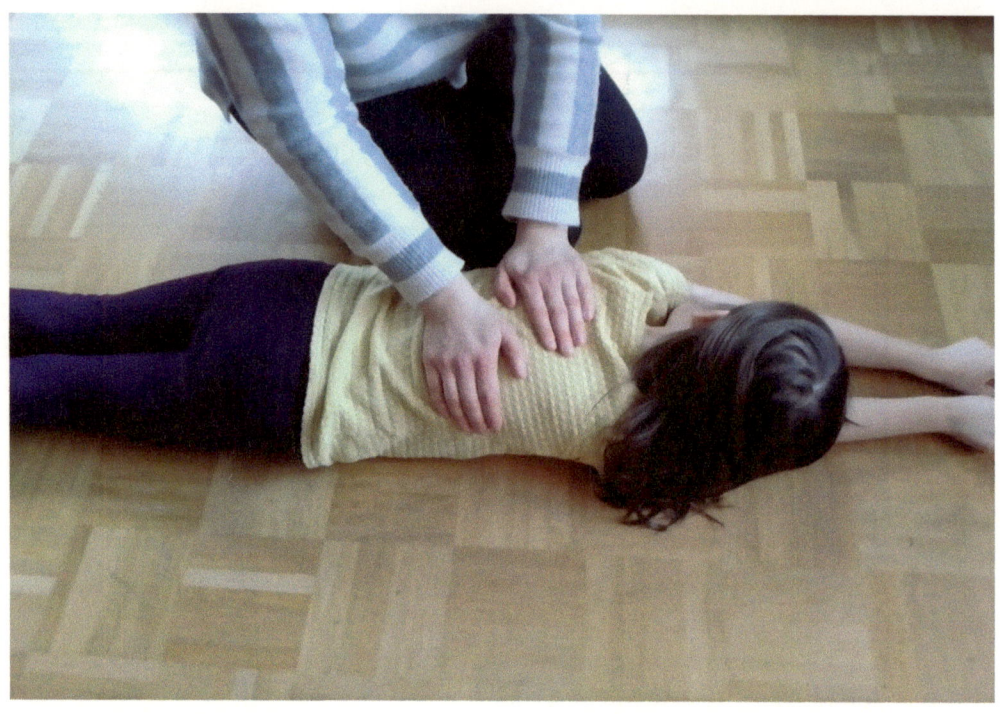

   - Danach darf gegessen werden. Erwachsener und Kind bekommen
     jede Menge Kekse.
     Nun ist die Massage vorbei.
3. Vielleicht darf sich alsnächstes der Erwachsene hinlegen und das Kind
    darf backen?
4. Möchte ein Kuscheltier auch noch massiert werden?

Dazu ist es gut:

Oft leiden wir unter Verspannungen. Durch diese Massage können wir sie
lösen. Das Kind erfährt nebenbei, wie Kekse gemacht werden, und
natürlich genießt es die Nähe seiner Bezugsperson, die sich ganz um es
kümmert.
Und wenn es dabei lacht, weil es kitzelt? Dann ist es umso schöner!

Ein Sack voller Dinge

So geht's:

1. Holen Sie einen Sack oder eine große Tasche und befüllen Sie sie mit Dingen. Das können
   - Haushaltsgegenstände sein,
   - Tierfiguren,
   - Figuren von Actionhelden
   - oder von Menschen mit verschiedenen Berufen.

   Ihrer Fantasie sind keine Grenzen gesetzt.

2. Nun ziehen Sie abwechselnd *eine* Sache aus dem Sack. Benennen Sie sie.
   - Wozu ist das Ding gut?
   - Was kann es?
   - Welches Geräusch ist typisch?
   - Welche Bewegung macht es? Wie könnte man es darstellen?

Dazu ist es gut:

Das Spiel schult den Tastsinn und die Feinmotorik – das Kind darf nur eine Sache ziehen und das aus einem Sack heraus, sodass es das Ding nicht sehen kann.

Durch das Benennen und durch die Auseinandersetzung mit der Sache lernt das Kind viel. Es macht sich Gedanken und trainiert so sein Gehirn und manchmal auch seine Kreativität.

Alles Decke!

So geht's:

1. Holen Sie eine Decke, die etwas strapaziert werden darf.
2. Decken Sie das Kind vollständig zu und dann wieder auf.
   - Können Sie erraten, wie das Kind unter der Decke liegt oder sitzt? Tasten Sie, das kitzelt zudem sehr schön.
   - Können Sie das Kind auch zudecken, wenn es steht? Guckt etwas heraus?
   - Möchte das Kind nicht komplett zugedeckt werden, mag es vielleicht nur die Beine oder die Hände unter der Decke haben?
3. Breiten Sie die Decke auf dem Boden aus. Nun legt sich das Kind an eine Seite, sodass es von Kopf bis Fuß auf der Decke liegt. Rollen Sie das Kind in die Decke ein. Und dann wieder aus.
   Manche Kinder mögen es lieber, wenn der Kopf oder sogar der Oberkörper herausschauen darf.
4. Haben Sie einen Helfer, legt sich das Kind mittig auf die Decke und Sie und der Helfer heben es in der Decke hoch.
   - Geht es auch im Sitzen?

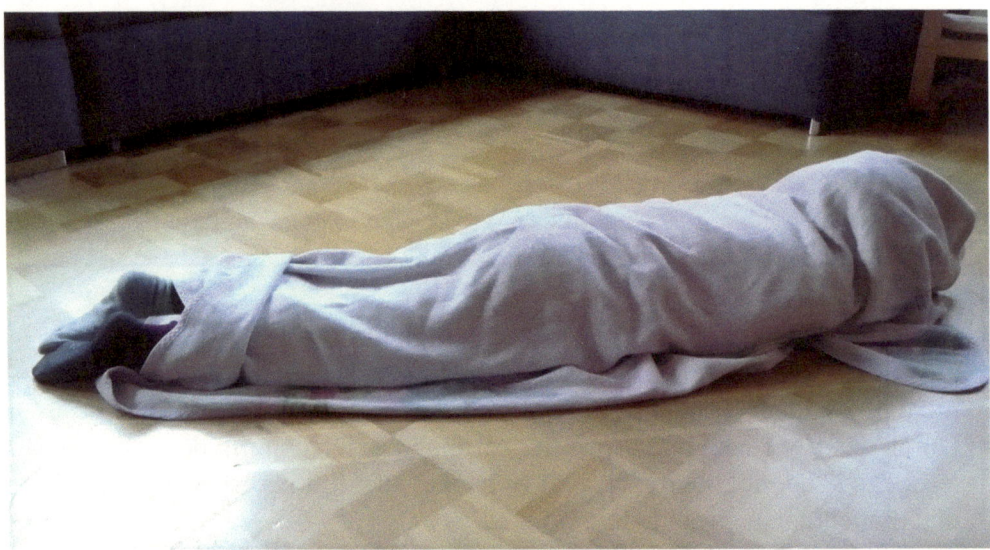

- Wie hoch schaffen Sie es?
- Wie hoch traut sich das Kind?
- Können Sie das Kind schaukeln?
5. Zum Abschluss spielen Sie Schlittenfahrt. Das Kind darf sich auf eine Seite der Decke setzen und Sie ziehen es über einen glatten Boden. Danach darf das Kind ziehen. Einen Erwachsenen wird es nicht schaffen, aber ein Kuscheltier, eine Actionfigur oder eine Puppe sicher.

Dazu ist es gut:
Dieses Spiel stärkt das Körpergefühl.

Schwungtuch-Spiel

So geht's:
1. Holen Sie eine Decke, die etwas strapaziert werden darf. Oder Sie benutzen die Rettungsdecke aus dem abgelaufenen Verbandskasten, diese ist leichter und knistert zudem.
2. Benutzen Sie die Decke wie ein Schwungtuch. Sie fassen eine Seite der Decke mit zwei Händen, das Kind die andere Seite. Dann nehmen Sie die Decke mit den Armen hoch und runter.
   - Spüren Sie den Wind?
   - Können Sie die Decke mit dem ganzen Körper schwingen? Sie machen sich dabei klein und riesengroß.
   - Nun bewegen Sie (nur) die Arme schneller, machen Sie einen richtigen Sturm.
   - Können Sie im Kreis laufen, während Sie die Arme und die Decke bewegen?
   - Wie schnell geht es?
3. Nun heben Sie beide die Decke ganz hoch und wenn die Decke sinkt, setzen Sie sich darunter. Halten Sie die Decke dabei weiter fest.

4. Haben Sie einen Helfer, legen Sie die Decke auf den Boden. Während Sie und der Helfer die Decke langsam nah am Boden bewegen wie bei dem Sturm von vorhin, darf das Kind sich darauf setzen. Was für ein Gefühl!
   - Wie stark können Sie die Decke bewegen?
   - Traut sich das Kind, auf der Decke zu laufen oder zu krabbeln?
5. Holen Sie einen oder mehrere Bälle dazu. Legen Sie diese auf die Decke.
   - Heben Sie die Decke an einer Seite an. Wo rollen die Bälle hin?
   - Kann das Kind, das ebenfalls die Decke festhält, die Bälle wieder zurückschicken?
   - Nun bewegen Sie die Decke gemeinsam mit dem Kind und versuchen, die Bälle dabei auf der Decke hüpfen zu lassen.

Dazu ist es gut:
Dieses Spiel ist gut für die Armmuskulatur und für die Geschicklichkeit.

Das bin ich

So geht's:

1. Holen Sie
ein oder
mehrere
Seile.
Haben Sie
eine große
Pappe oder
einen
Tapetenrest
können Sie
auch dies
und einen
Stift
verwenden.

2. Nun darf sich das Kind auf den Boden legen. Umlegen Sie es mit dem Seil. Alternativ malen Sie seine Umrisse auf die Tapete oder die Pappe.
   - Erkennt das Kind sich wieder?
3. Nun darf sich das Kind in den wildesten Verrenkungen hinlegen und wird umlegt oder ummalt.
   - Wie sieht das aus?
   - Hätte sich das Kind erkannt?
   - Kann es sich wieder in die Figur hineinlegen?
4. Danach ist das Kind dran. Es darf den Erwachsenen umlegen oder abmalen.

Dazu ist es gut:
Das Kind übt Stillhalten und Abwarten auf sehr unterhaltsame Weise.

Tier-Memory

So geht's:

1. Holen Sie Memory-Karten mit Tierbildern.
2. Spielen Sie eine Partie, wobei die Karten für jüngere Kinder aufgedeckt sein sollten. So ist es einfacher.
3. Ist ein Paar gefunden, benennen Sie das Tier.
   - Ahmen Sie gemeinsam die entsprechenden Tierlaute nach. Klappt das gut?
   - Wie bewegt sich das Tier?
   - Was weiß das Kind noch von dem Tier? Können ein Buch oder das Internet helfen?

Balance-Akt

So geht's:

1. Jeder Teilnehmer braucht ein Kissen. Dazu sind gut ein Seil (oder eine eingerollte Decke), ein Stuhl, gegebenenfalls ein Tisch und noch ein Balance- bzw. Trainingskissen oder ein weiteres Kissen.

2. Das Kind soll nun das Kissen auf dem Kopf balancieren. Ist es zu zappelig, funktioniert es nicht, es muss sich also beherrschen.
   - Kann das Kind so stehen?
   - Kann es gehen?

- Kann es das Seil entlang laufen?
- Und darübersteigen?
3. Kann das Kind mit dem Kissen auf einen Stuhl klettern?
   - Und wieder herunter?
   - Kann es vom Stuhl auf den Tisch steigen und wieder herunter?
   - Kann es auf das Balancekissen steigen?
   - Schafft das Kind es, über das Kissen hinweg zu steigen?
4. Wo kann das Kind mit dem Kissen auf dem Kopf balancierend noch entlang laufen?

Hat das Kind mit der Balance Schwierigkeiten, darf es das Kissen gerne mit einer Hand festhalten. Das Spiel ist auch so schwer genug.

Dazu ist es gut:
Diese Übung ist gut, um zur Ruhe zu kommen und sein Körpergefühl zu trainieren.

Inhaltsverzeichnis

Die Autorin

Petra Baier ist Mutter von 6 Kindern. Sie ist promovierte Juristin und arbeitet schon lange Zeit als Tagesmutter (Amtsdeutsch: Kindertagespflegeperson) im Rhein-Main-Gebiet. In ihrer Freizeit ist sie ehrenamtlich als Trainerin im Kinderturnen und als qualifizierte Mitarbeiterin Kindergottesdienst in der örtlichen evangelischen Kirchengemeinde tätig.

Durch ihre Tätigkeiten verfügt die Autorin über ein fundiertes Wissen über die kindliche Entwicklung und die Lebenswelt von Kindern. Sie bildet sich regelmäßig zu den verschiedensten Themen fort, liest Fachliteratur und ist im regen Austausch mit Fachkräften.

Kontakt zu der Autorin: AutorinPetraBaier@gmx.de

An diesen Werken arbeitet die Autorin im Moment:

Ninjasport in der Turnhalle
Das Basisbuch für Verein, Schule und mehr
Veröffentlichung voraussichtlich Frühjahr 2025

Jeshua - Ein Schaf auf den Spuren von Jesus
Die etwas andere Kinderbibel zum neuen Testament
Veröffentlichung voraussichtlich Sommer 2025

Bereits erschienen:

Turbulente Babyzeit

*Das Nachschlagewerk für alle, die sich um ein Baby kümmern,
vom ersten Atemzug bis zum ersten Schritt*

TWENTYSIX

ISBN: 978-3-74078-546-8
376 Seiten
Preis: 16,99 €

Turbulentes Erwachsenwerden

*Das Nachschlagewerk für alle, die ein Kind begleiten, vom ersten Schultag bis
zur ersten eigenen Wohnung und darüber hinaus ...*

BoD

ISBN: 978-3-75685-516-2
512 Seiten
Preis: 19,99 €

Turbulente Kleinkindzeit

Das Nachschlagewerk für alle, die sich um ein Kind kümmern,
vom ersten Schritt bis zum ersten Schultag

TWENTYSIX

ISBN: 978-3-74078-069-2
419 Seiten
Preis: 16,99 €

Ein kleines Kind ist ein Schatz! Es ist schön, seine ersten Schritte zu begleiten, den ersten Schultag mitzuerleben ... Aber: Es stellen sich tausend Fragen, an die man noch gar nicht gedacht hat und die man nicht beantworten kann.
Zwischen Schlafentzug, ausgelaufenen Windeln und tieffliegendem Spielzeug müssen Sie den Haushalt, Ihren Job und all die anderen großen und kleinen Verpflichtungen des Lebens stemmen.
Dieses Buch will Ihnen helfen. In fast 500 Stichworten werden wichtige Fragen vom ersten Schritt bis zum ersten Schultag beantwortet. So können Sie gelassen bleiben und mehr wertvolle Zeit mit Ihrem Kind verbringen!

Große Kunst von kleinen Leuten

Kreative Bastelideen für zu Hause

BoD

ISBN:
978-3-757827-93-9
104 Seiten
Preis: 29,99 €